高校入試 要点ズバっ！

5教科総合

- 社会
- 理科
- 英語
- 数学
- 国語

東京書籍

本書の使い方と特色

　本書は，5教科－社会・理科・英語・数学・国語－について，「高校入試でよく出題される内容を短期間で習得したい」「これまでに学習した内容を改めて確認したい」などといった，受験生のみなさんの入試直前の要望にこたえられるように作られています。

特色① 5教科の要点を，まとめてズバっとチェック

　入試直前の限られた時間の中で，ムダなく，効率的に，5教科の必須の要点をすべて確認できるように，見やすく分かりやすい内容構成になっています。

特色② 入試に即した視点でまとめてあるので，直前学習に最適

　各教科とも，特に重要な項目を中心に，入試に即した視点でまとめています。また，出題の傾向やその注意点などについても示しています。(「入試情報」)

特色③ 社会・理科に重点を置いたページ配分

　短期間でもっとも得点アップが期待できる社会と理科を中心にまとめています。両教科では，要点の解説だけでなく，実力をチェックできる一問一答も入っています。

特色④ 暗記用フィルターで，手軽にラクラク学習

　一問一答の解答や解説中の重要な語句などは色文字になっています。暗記用フィルターを使うと見えなくなるので，いつでも，どこでも，手軽に学習できます。

社会

◆**地理的分野**
1 地形図の見方と地球のすがた …………… 4
2 世界の地形と気候 ………………………… 6
3 アジア ……………………………………… 8
4 ヨーロッパ(EU)とアフリカ …………… 10
5 北アメリカと南アメリカ・オセアニア … 12
6 日本の国土と地形 ………………………… 14
7 日本の気候と資源・エネルギー ………… 16
8 日本の産業と人口 ………………………… 18
9 九州地方と中国・四国地方 ……………… 20
10 近畿地方と中部地方 ……………………… 22
11 関東地方と東北地方,北海道地方 ……… 24

◆**歴史的分野**
12 文明のおこり〜弥生時代 ………………… 26
13 古墳時代〜律令国家の成立 ……………… 28
14 平安時代〜鎌倉幕府の滅亡 ……………… 30
15 室町幕府の成立〜15・16世紀の世界 …… 32
16 織豊時代〜江戸幕府の成立 ……………… 34
17 身分制度の確立〜諸産業の発達 ………… 36
18 三大改革と社会の変化 …………………… 38
19 欧米近代革命〜江戸幕府の滅亡 ………… 40
20 明治維新〜自由民権運動 ………………… 42
21 大日本帝国憲法の発布〜近代産業の成立 … 44
22 第一次世界大戦〜大正デモクラシー …… 46
23 世界恐慌〜第二次世界大戦 ……………… 48
24 現代の日本と世界 ………………………… 50

◆**公民的分野**
25 人権の保障と日本国憲法 ………………… 52
26 政治と国会のしくみ ……………………… 54
27 内閣と行政,裁判所のしくみ …………… 56
28 地方自治のしくみと役割 ………………… 58
29 消費と生産 ………………………………… 60
30 市場経済のしくみと国の財政 …………… 62
31 福祉と国際社会のさまざまな課題 ……… 64
入試情報 ……………………………………… 66

●**まだ,何が理解できていないかを自覚せよ!**

　まず,一問一答形式の実力チェックにトライすることで,現在,何を理解していて,何がまだ分かっていないのかをしっかりと自覚することが大切です。そのうえで要点チェックの総復習に取り組めば,ムダのない効率のよい補習学習ができます。

地理的分野

1 地形図の見方と地球のすがた

実力チェック

1 地形図の読み取り方
- □①地図上で実際の距離を縮小した割合を何というか。 — 縮尺
- □②2万5000分の1の地形図上の1cmの長さは，実際の距離では何mか。 — 250m
- □③地形図上で，上はどの方位をあらわすか。 — 北
- □④地形図上で，高さの等しい地点を結んだ線を何というか。 — 等高線
- □⑤等高線の間隔がせまいと土地の傾斜はどうか。 — 急である
- □⑥地図記号 ⑪ は何をあらわしているか。 — 図書館
- □⑦地図記号 ⊡ は何をあらわしているか。 — 水準点

2 六大陸・三大洋と緯度・経度
- □⑧地表の海洋と陸地の比率は何対何か。 — 7：3
- □⑨三大洋のうち最大の海洋はどこか。 — 太平洋
- □⑩六大陸のうち最大の大陸はどこか。 — ユーラシア大陸
- □⑪緯度は南北にそれぞれ何度ずつあるか。 — 90度
- □⑫緯度0度の緯線は特に何と呼ぶか。 — 赤道
- □⑬経度は東西にそれぞれ何度ずつあるか。 — 180度
- □⑭ロンドンを通る経度0度の経線を特に何というか。 — 本初子午線
- □⑮東京のおおよその位置は，北緯36度，東経何度か。 — 東経140度

3 世界の国々と地域区分
- □⑯世界に独立国は約何か国あるか。 — 約190か国
- □⑰国家成立の三条件とは，国民，主権と何か。 — 領土
- □⑱国土面積が世界最大の国はどこか。 — ロシア連邦
- □⑲国土面積が世界最小の国はどこか。 — バチカン市国
- □⑳緯線や経線を国境とした国が多いのはどの州か。 — アフリカ州

要点チェック

1 地形図の読み取り方

- **縮尺**：実際の距離を縮小した割合
- **実際の距離の求め方**：2万5000分の1
  地形図上の4cmの実際の距離は，
  4cm × 25000 = 100000cm = 1000m = 1km
- **方位**：地形図上では上が**北**
- **等高線**：高さが等しい地点を結んだ線
  - 等高線の間隔がせまいところほど傾斜が**急**→広いところは**ゆるやか**

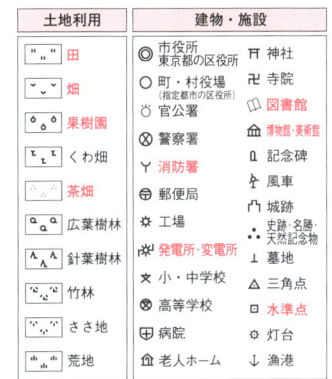

土地利用		建物・施設	
‖	田	◎	市役所 東京都の区役所
∨	畑	○	町・村役場 (指定都市の区役所)
○	果樹園	ö	官公署
‡	くわ畑	⊗	警察署
∴	茶畑	Y	消防署
Q	広葉樹林	⊕	郵便局
∧	針葉樹林	✿	工場
T	竹林	⋈	発電所・変電所
⌒	ささ地	✹	小・中学校
⌒	荒地	⊗	高等学校
		⊕	病院
		⌂	老人ホーム
		卍	神社
		卍	寺院
			図書館
			博物館・美術館
		⌂	記念碑
		✿	風車
		∴	史跡・名勝・ 天然記念物
		⌘	墓地
		△	三角点
		□	**水準点**
		∴	城跡
		☼	灯台
		↓	漁港

↑おもな地図記号

2 六大陸・三大洋と緯度・経度

- 海洋は地表の約**7割**，陸地は約**3割**→地球は「水の惑星」と呼ばれる
- 三大洋：世界最大の海洋**太平洋**と**大西洋**，**インド洋**
- 六大陸：世界最大の大陸**ユーラシア大陸**と**アフリカ大陸**，**北アメリカ大陸**，**南アメリカ大陸**，**オーストラリア大陸**，**南極大陸**
- **緯度**：**赤道**を0度とし，赤道より北を**北緯**，南を**南緯**と呼び，それぞれを**90度**に分けたもの
- **経度**：イギリスの**ロンドン**を通る**本初子午線**を0度として，それより東を**東経**，西を**西経**と呼び，それぞれを**180度**に分けたもの
- 東京の位置：およそ北緯36度，東経140度

3 世界の国々と地域区分

- 国家成立の三条件：**領土**・**国民**・**主権**（国の政治のあり方を決めること）
- **独立国**：世界には**190**あまりの国々がある
- **ロシア連邦**：日本の国土面積の約**45倍**の面積→世界最大の国
- **バチカン市国**：東京ディズニーランドより面積が小さい国（約0.44km^2），ヨーロッパ州のイタリアの首都**ローマ**市内にある→世界最小の国
- 国境：国と国との境界…緯線・経線などを利用した人工的な国境線→**アフリカ**州に多い：かつてヨーロッパの**植民地**であったため

2 世界の地形と気候

実力チェック

1 世界の宗教
- ①世界三大宗教は，仏教とイスラム教と，何教か。 → キリスト教
- ②イスラム教の教典を何というか。 → コーラン
- ③イスラム教では，どんな動物に関連したものをいっさい食べないのか。 → 豚
- ④ヒンドゥー教で神の使いとされている動物は何か。 → 牛

2 世界の地形
- ⑤アンデス山脈からオセアニア州の島々まで，太平洋を取り巻くように連なる造山帯を何というか。 → 環太平洋造山帯
- ⑥ヨーロッパのアルプス山脈からアジアのヒマラヤ山脈を通る造山帯を何というか。 → アルプス・ヒマラヤ造山帯

3 世界の気候区分
- ⑦一年じゅう雪と氷におおわれる氷雪気候とイヌイットが住むツンドラ気候が属する気候帯は何か。 → 寒帯
- ⑧冬はとても厳しい寒さとなるが，夏に気温が上昇するため樹木が育つ気候帯は何か。 → 冷帯（亜寒帯）
- ⑨イタリアなどのように夏は暑く乾燥し，冬に雨が多く降る，温帯に属する気候は何か。 → 地中海性気候
- ⑩温帯のうちで，ヨーロッパの大西洋沿岸などのような一年をとおして湿潤な気候は何か。 → 西岸海洋性気候
- ⑪乾燥帯のうちで，木が一部にのみ見られ，丈の短い草原が広がっている気候は何か。 → ステップ気候
- ⑫熱帯で，まばらな樹木と草原が広がる気候は何か。 → サバナ気候
- ⑬気温は，同緯度の山ろくの平野よりも低く，赤道付近の高地では年じゅう冷涼な気候は何か。 → 高山気候

要点チェック

1 世界の宗教
- 世界的規模で広がる三大宗教：仏教，キリスト教，イスラム教
- 特定の民族や地域に結びついた宗教：ヒンドゥー教やユダヤ教など
- 世界三大宗教の教典：仏教は経，キリスト教は「聖書」，イスラム教は「コーラン」
- きまりごと…イスラム教徒は豚に関連したものは食べない，ヒンドゥー教では神の使いとされる牛は食べない

2 世界の地形
- 造山帯…地震や火山が活発，隆起や沈降などの大地の動きもさかん
  - 環太平洋造山帯：太平洋を取り巻くように連なる造山帯
  - アルプス・ヒマラヤ造山帯：アルプス山脈からアジアのヒマラヤ山脈を通りインドネシア東部までのびる造山帯
- 安定大陸…地盤の変動が少なく，長い間の風化や侵食で地形が平たん

3 世界の気候区分
- 寒帯：一年じゅう寒く，樹木はほとんど育たず，わずかな草やコケが生えるだけ…イヌイットが住み，夏にわずかに植物が育つツンドラ気候／一年じゅう雪や氷におおわれる氷雪気候
- 冷帯(亜寒帯)：冬は寒さが厳しく，夏は気温が上昇し樹木が育つ
- 温帯：はっきりとした季節がある…気温や降水量が変化し，季節変化が明確な温帯(温暖)湿潤気候／夏にとても乾燥し，冬に雨が多い地中海性気候／ヨーロッパの大西洋沿岸など一年をとおして湿潤な西岸海洋性気候
- 乾燥帯：森林が育たない…一年をとおして雨が大変少ないさばく気候／わずかな雨が降る季節がみられるステップ気候では丈の短い草原が広がる
- 熱帯：気温の変化が小さく，一年じゅう気温が高い…熱帯の密林が広がる熱帯雨林気候／雨の少ない季節があり，まばらな樹木と草原が広がるサバナ気候
- 高山気候：高山地域は，同緯度の山ろくの平野よりも低い気温

3 アジア

実力チェック

1 アジアの自然と人口

- □①アジアの中央部にそびえる，8000mをこえる山脈は何か。 — ヒマラヤ山脈
- □②「世界の屋根」と呼ばれる高原は何か。 — チベット高原
- □③インドシナ半島やインド半島などに，雨季と乾季をもたらすインド洋からふく風を何というか。 — 季節風(モンスーン)

2 アジアの文化と産業の発展

- □④おもに東南アジアの赤道付近の島々に，西アジアから伝わった宗教は何か。 — イスラム教
- □⑤かつてスペインの植民地であったため，キリスト教の強い影響を受けた東南アジアの国はどこか。 — フィリピン
- □⑥工業化が進んだ韓国や台湾，ホンコン，シンガポールは，何と呼ばれているか。 — アジアNIES(新興工業経済地域)
- □⑦タイやマレーシア，インドネシアなど東南アジアの10か国が加盟する地域協力機構は何か。 — ASEAN(東南アジア諸国連合)
- □⑧現在，人口が世界第一位の国はどこか。 — 中国
- □⑨中国が1979年以降，海外の資本や技術を導入するためシェンチェンやアモイなどに，外国企業を受け入れる地域を設けたが，これを何というか。 — 経済特区(経済特別区)
- □⑩メコン川やチャオプラヤ川の流域の平野やジャワ島などでさかんな農業は何か。 — 稲作
- □⑪アラブ系の国々が強く結びつく石油輸出国機構の略称は何か。 — OPEC
- □⑫中央アジアに残る，中国とヨーロッパを結んだ古代の交易路を何というか。 — シルクロード(絹の道)

要点チェック

1 アジアの自然と人口
- 8000mをこえる<u>ヒマラヤ山脈</u>や「世界の屋根」と呼ばれる<u>チベット高原</u>
- 山地から流れ出すアジア一の長流<u>長江</u>や黄河，メコン川
- 海岸に近い大陸東部は，<u>季節風（モンスーン）</u>の影響が大きい
- 世界の<u>約6割</u>の人々が住む，中国やインドの人口は10億人以上

2 アジアの文化と産業の発展
- 東南アジアの文化：中国やインドの影響が強い，インドから<u>ヒンドゥー教</u>，西アジアから<u>イスラム教</u>，欧米諸国から<u>キリスト教</u>が伝わる
- <u>アジアNIES</u>（<u>新興工業経済地域</u>）：1970年代，韓国や台湾，ホンコン，シンガポールが工業化→製品を欧米や日本に輸出し，急成長
- タイやマレーシア，インドネシアなどASEAN（<u>東南アジア諸国連合</u>）諸国の工業化：アメリカや日本の企業などの進出による
- 1990年代以降：<u>中国</u>やベトナム，<u>インド</u>で急速な工業化
- 中国では「<u>一人っ子政策</u>」→2030年ごろにはインドの人口が世界一に
- 中国の<u>経済特区</u>（<u>経済特別区</u>）：沿海部のシェンチェンやアモイなどに外国企業を受け入れるために設けられた→沿海部と内陸部の<u>経済格差</u>
- インドの工業化：情報技術産業や自動車産業などが成長
- 世界各地で活躍する中国系（<u>華人</u>）やインド系の人々
- <u>安い労働力</u>の中国や東南アジアの工業製品の輸出先は日本や欧米諸国
- 東南アジアの大きな川の流域の平野やジャワ島などで稲作がさかん
- 東南アジアにおけるゴムやコーヒーなどの<u>プランテーション</u>（大農園），大規模開発による<u>アブラやし</u>の農園→<u>熱帯雨林</u>の減少が起こる
- 西アジアは<u>石油</u>の宝庫→OPEC（<u>石油輸出国機構</u>）
- 世界最大の石油輸出地帯の西アジア：1973年の<u>石油危機</u>をきっかけに石油輸出による利益が増加→<u>ペルシャ</u>湾沿岸は大きく発展
- 中央アジアの豊富な鉱産資源：石油や天然ガス，<u>希少金属（レアメタル）</u>
- 中央アジアには，<u>シルクロード</u>（絹の道）の歴史的遺産が多数ある

4 ヨーロッパ(EU)とアフリカ

実力チェック

1 ヨーロッパの自然と農業, 宗教

- □① ヨーロッパの気候が比較的温暖なのは, 偏西風と何という暖流の影響によるか。 　　北大西洋海流
- □② ヨーロッパ南部に連なる大きな山脈は何か。 　　アルプス山脈
- □③ 氷河の侵食でつくられた谷に海水が入りこんでできた, 細長く奥行きのある湾を何というか。 　　フィヨルド
- □④ 地中海沿岸で行われている, オリーブやぶどう, 小麦などを栽培する農業を何と呼ぶか。 　　地中海式農業
- □⑤ 小麦やライ麦などの穀物栽培と, 豚や牛を中心とした家畜の飼育を組み合わせた農業は何か。 　　混合農業
- □⑥ ヨーロッパ南部でおもに信仰されているキリスト教の一派は何か。 　　カトリック

2 EUとロシア連邦

- □⑦ ヨーロッパ共同体(EC)を発展させて, 1993年に発足した組織は何か。 　　ヨーロッパ連合(EU)
- □⑧ 2002年に, EUに導入された共通通貨は何か。 　　ユーロ
- □⑨ 1991年に解体されるまで, ロシア連邦は何という国の一部であったか。 　　ソビエト連邦(ソ連)

3 アフリカの自然と歴史, 産業

- □⑩ アフリカ北部に広がる世界最大のさばくは何か。 　　サハラさばく
- □⑪ 大陸の北東部を流れる世界最長の河川は何か。 　　ナイル川
- □⑫ ヨーロッパ人が植民地で現地の人々を使い, 特定の商品作物を生産した大農園を何というか。 　　プランテーション
- □⑬ アフリカで鉄鋼業や機械工業が最も発達しているのはどこの国か。 　　南アフリカ共和国

要点チェック

1 ヨーロッパの自然と農業，宗教
- 日本より高緯度だが気候は温暖…暖流の北大西洋海流と偏西風の影響
- 地形：南部にアルプス山脈，北部にフィヨルド，中央の平野にライン川，東部のロシア連邦にはウラル山脈
- 地中海式農業：オリーブや小麦，オレンジの栽培，羊ややぎの飼育
- 混合農業：小麦やライ麦の栽培と，家畜飼育を組み合わせたもの
- 冷涼な北部やアルプスでは酪農がさかん
- 宗教…おもに北西部(ドイツやイギリスなど)はプロテスタント，南部(フランスやイタリアなど)はカトリック，東部(ロシアなど)は正教会

2 EUとロシア連邦
- ヨーロッパ共同体(EC)は1993年にヨーロッパ連合(EU)へ発展…政治的・経済的統合が進む，加盟国数は28か国(2017年2月現在)
  - 2002年に共通通貨ユーロを導入，経済格差が大きな課題
- ロシア連邦：1991年にソビエト連邦(ソ連)が解体し，誕生，日本の約45倍の国土，首都はモスクワ，多民族国家，宗教はキリスト教の正教会が中心
- 酸性雨：化石燃料による排出ガスやばい煙などで発生→被害増大

3 アフリカの自然と歴史，産業
- 世界最大のサハラさばく，大陸東部を流れる世界一長いナイル川
- 16世紀以後，ヨーロッパ人が黒人を奴隷として，南・北アメリカへ→19世紀末にはエチオピアとリベリア以外ほぼヨーロッパの植民地
- 宗教：サハラさばくとその北部の地域ではイスラム教を信仰
- プランテーション：植民地時代，カカオやコーヒーなどを専門に栽培
- 銅や金などの鉱産資源が豊富，20世紀に入り石油や希少金属の開発
- 経済：ほとんどの国が少種の商品作物や鉱産資源の輸出に依存←→南アフリカ共和国は工業が発達
- 課題…人口増加とさばく化などによる食料不足，森林の減少

5 北アメリカと南アメリカ・オセアニア

実力チェック

1 北アメリカの自然と産業

- □①大陸西部を南北に走る高くけわしい山脈は何か。 — ロッキー山脈
- □②アメリカの中央平原を北から南に流れ，メキシコ湾に注ぐ北アメリカ一長い河川は何か。 — ミシシッピ川
- □③アメリカでは，それぞれの地域の環境に適した農作物をつくっている。これを何というか。 — 適地適作
- □④豊かな鉱産資源をもとに，アメリカの工業は大西洋岸とどの地域を中心に発展したか。 — 五大湖沿岸
- □⑤ほぼ北緯37度より南に位置し，ハイテク産業や情報技術産業が発達している地域を何というか。 — サンベルト
- □⑥アメリカのサンフランシスコ近郊にある，先端技術産業が集中している地域を何というか。 — シリコンバレー
- □⑦メキシコや西インド諸島などからのアメリカへの移民で，スペイン語を話す人々を何というか。 — ヒスパニック

2 南アメリカの自然と産業

- □⑧南アメリカ大陸の西側にあり，高さ6000mをこえる山もある世界最長の山脈は何か。 — アンデス山脈
- □⑨大陸の中央部を流れ大西洋に注ぐ，流域面積が世界最大の河川は何か。 — アマゾン川
- □⑩牧畜がさかんなアルゼンチンの中央部に広がる大草原を何というか。 — パンパ

3 オセアニアの自然と産業

- □⑪オーストラリアの先住民を何というか。 — アボリジニ
- □⑫オーストラリアの南東部や南西部の比較的降水量が見られる地域で飼育がさかんな家畜は何か。 — 羊

12

要点チェック

1 北アメリカの自然と産業

- 北アメリカの自然：北アメリカ大陸とカリブ海の島々で構成，大陸にはロッキー山脈，広大な平原，ミシシッピ川などの大きな河川
- アメリカやカナダの国土…日本の25倍以上の面積
- アメリカの多国籍企業…進出した地域の経済や社会に大きな影響
- アメリカの農業：世界有数の農産物の生産国であり輸出国
  - 適地適作：それぞれの地域環境に適した農産物を生産
  - 企業的な農業…少ない労働力で広い面積を経営
- 豊かな資源を利用したアメリカの工業：鉄鉱石・石炭・石油などをもとに，大西洋岸や五大湖沿岸に工業が発展
  →ピッツバーグは鉄鋼業，デトロイトは自動車製造が発展
- アメリカの新しい工業：ほぼ北緯37度より南に位置するサンベルト…ハイテク産業や情報技術産業が発達→シリコンバレーがその代表
- 巨大都市ニューヨーク：ウォール街や国際連合本部などが置かれる
- ヒスパニック：メキシコや西インド諸島などからの移民

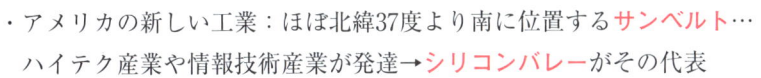

2 南アメリカの自然と産業

- 南北に長い南アメリカ大陸…西側にアンデス山脈，中央部にアマゾン川やラプラタ川とパンパ，北部にギアナ高地，東部にブラジル高原
- 16世紀にスペインとポルトガルがインカ帝国などの先住民の国を滅ぼし，支配→現在もスペイン語とポルトガル語を使用
- アルゼンチンのパンパでの牧畜　・工業化が進むブラジル

3 オセアニアの自然と産業

- オーストラリア大陸と火山島とさんごしょうの島からなる
- 先住民：オーストラリアはアボリジニ，ニュージーランドはマオリ
- オーストラリアの牧畜…牛や羊の飼育がさかん
- オーストラリアの鉱産資源…東部は石炭，北西部は鉄鉱石→露天掘り
- 白豪主義政策：1970年代までヨーロッパ系以外の移民を制限

6 日本の国土と地形

実力チェック

1 日本の位置と領域

- □①日本の国土面積の広さはどれくらいか。 —— 約38万km²
- □②国の主権がおよぶ陸地を何というか。 —— 領土
- □③日本は、沿岸から何海里を領海と定めているか。 —— 12海里
- □④水産資源や鉱産資源が沿岸国のものとされる、領海の外側の200海里以内の水域を何というか。 —— 経済水域
- □⑤日本の標準時である兵庫県明石市を通る経線は、経度何度か。 —— 東経135度
- □⑥各国の標準時子午線の経度が異なることによる時間のずれを何というか。 —— 時差
- □⑦イギリスのロンドンが新年(1月1日0時)を迎えたとき、日本は何月何日の何時か。 —— 1月1日(午前)9時

2 日本の地形

- □⑧糸魚川・静岡構造線と呼ばれる活断層の集まりは何と呼ばれているか。 —— フォッサマグナ
- □⑨三陸海岸や志摩半島などに見られる、入り江と湾が複雑に入り組んだ海岸を何というか。 —— リアス海岸
- □⑩陸地の周辺にある、深さがおよそ200mまでのゆるやかな傾斜になっている海底を何というか。 —— 大陸棚
- □⑪日本の太平洋側を流れているのは、暖流の黒潮(日本海流)と寒流の何か。 —— 親潮(千島海流)
- □⑫川が山間部から平野に出たところに土砂がたまってできた扇形の地形を何というか。 —— 扇状地
- □⑬河口付近に、細かい土砂がたい積してできる地形は何か。 —— 三角州

要点チェック

1 日本の位置と領域

- 日本の位置：およそ東経122度から154度，北緯20度から46度の間
- 日本列島：北海道，本州，四国，九州の四つの島と，その周辺の島々
- 日本の国土面積は約38万km^2
- 国の領域（＝主権のおよぶ範囲）：
　領土，領海，領空で成立
- 経済水域：水産資源や鉱産資源を沿岸国が管理できる水域→日本は沿岸から200海里（約370km）以内
- 東端は南鳥島，西端は与那国島，南端は沖ノ鳥島，北端は択捉島
- 日本の領土をめぐる問題
　・北方領土：歯舞群島，色丹島，国後島，択捉島をロシア連邦が占拠
　・竹島を韓国が占拠，尖閣諸島の領有権を中国が主張
- 標準時：標準時子午線（日本は兵庫県明石市を通る東経135度の経線）上を太陽が通るときを午後0時（正午）と決めた各国の時間
- 時差：各国の標準時子午線の異なりにより，経度15度で1時間の時差

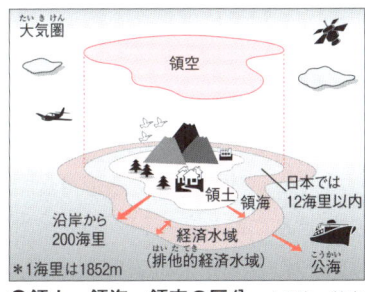

↑領土，領海，領空の区分　＊公海…特定の国家の主権に属さない，各国が自由に使用・航行できる海洋＝公海自由の原則

2 日本の地形

- 環太平洋造山帯に位置する日本…陸地の約4分の3は山地と丘陵地
- フォッサマグナを境にして，日本列島の地形を東西二つに分ける
- 日本の海岸：岩石海岸や砂浜海岸，リアス海岸（三陸海岸や志摩半島）
- 東に太平洋，西に日本海，北海道の北東にオホーツク海，南西諸島の西に東シナ海，深さ8000mをこえる海溝や深さ200mまでの大陸棚
- 暖流の黒潮（日本海流）と寒流の親潮（千島海流）がぶつかり合う潮目
- 日本の川：距離は短く，流れはいっぱんに急流，流域面積はせまい
- 平地：海に面した平野と内陸にあって山地に囲まれた盆地…扇形の地形の扇状地，河口付近につくられた三角州，低地よりいちだん高い台地

7 日本の気候と資源・エネルギー

実力チェック

1 日本の気候区分と自然災害

□① おもに夏は海洋から陸に，冬は大陸から海洋に向かってふく風を何というか。 — 季節風(モンスーン)

□② 本州以南で，6月ごろから始まる降水量の多い時期を何というか。 — 梅雨

□③ 夏から秋にかけて熱帯付近で発生し，しばしば日本に風水害を引き起こすものは何か。 — 台風

□④ 一年じゅう気温が高く，降水量が多い南西諸島や小笠原諸島の気候は何か。 — 亜熱帯

□⑤ 地震の震源が海底のとき，急に高い波が陸地におしよせる現象を何というか。 — 津波

□⑥ 夏の低温により，北日本で起こりやすい，作物の生育などに悪い影響をあたえる自然災害は何か。 — 冷害

2 資源とエネルギー

□⑦ ペルシャ湾岸からカスピ海沿岸の地域や，カリブ海沿岸の国々で，産出が多い鉱産資源は何か。 — 石油

□⑧ 植物や動物の死がいが堆積し，長い年月をかけて変化してできた燃料資源を何というか。 — 化石燃料

□⑨ 地球温暖化の原因である二酸化炭素やメタン，フロンなどのガス(気体)の総称を何というか。 — 温室効果ガス

□⑩ 核分裂反応時に発生するエネルギーを利用した発電方式を何というか。 — 原子力発電

□⑪ 原料の輸入がしやすく，電力需要の多い工業地域などに近い平野の臨海部に建設されることが多い発電所は何か。 — 火力発電所

要点チェック

1 日本の気候区分と自然災害

- 日本が属する温帯：大部分が**温帯(温暖)湿潤気候**…**季節風**(モンスーン)の影響を受ける，四季が明確，本州以南では**梅雨**がある，**台風**や熱帯低気圧による風水害も多い
- 地域によって異なる日本の気候
  - 南西諸島や小笠原諸島は**亜熱帯**，梅雨のない北海道は**冷帯**(**亜寒帯**)
  - 冬の天候のちがい…雪や雨が多い**日本海側**と，晴れが続く**太平洋側**
  - 降水量が少ない**瀬戸内**，年間をとおして気温が低く，降水量が少ない**中央高地**

↑日本の気候区分

- 日本の自然災害…地震と**津波**，火山の噴火，山くずれ，**土石流**，台風などでの**高潮**，作物の生育が悪くなる**冷害**

2 資源とエネルギー

- **鉱産資源**：石油や鉄鉱石など，エネルギー源や工業の原料として使われる鉱物
  - 石炭…中国，アメリカ，インドなどを中心に世界各地に広く分布
  - 石油…**ペルシャ湾岸**からカスピ海沿岸の地域やカリブ海沿岸に集中
- 増える世界のエネルギー消費量…**化石燃料**の大量使用と**温室効果ガス**の量の増加→**地球温暖化**対策としての再生可能エネルギーの利用
- 世界三大穀物：**麦，米，とうもろこし**→おもに麦はヨーロッパや北アメリカ，オーストラリア，米はアジア，とうもろこしは南北アメリカで栽培
- 日本は鉱産資源をほぼ**輸入**に依存している
- 日本の電力をめぐる問題
  - かつては**水力発電**に依存，現在は**火力発電**や**原子力発電**が中心
  - 課題…火力発電は温室効果ガスを発生，原子力発電は**安全性**の確保や**放射性廃棄物**の最終処分場をどうするかなどの問題がある

8 日本の産業と人口

実力チェック

1 日本の農林水産業

- □①大都市周辺で行われている野菜や果物などを生産し、大都市へ供給する農業を何というか。 —— 近郊農業
- □②冷涼な気候を利用した抑制栽培に対し、暖かい気候を利用した栽培を何というか。 —— 促成栽培
- □③国内の食料消費が、国内の農業生産でどの程度まかなえているかを示す指標を何というか。 —— 食料自給率
- □④たまごからふ化させた稚魚、稚貝をある程度まで育て海や川などに放流する漁業を何というか。 —— 栽培漁業

2 日本の工業と貿易

- □⑤東京湾、伊勢湾、大阪湾、瀬戸内海などに連なる臨海型の工業地域の総称を何というか。 —— 太平洋ベルト
- □⑥自由貿易を促進し、貿易摩擦などの課題を解決するためにある国際連合の関連機関は何か。 —— 世界貿易機関（WTO）

3 世界の人口とその問題点

- □⑦アジアやアフリカなどの発展途上国で起こっている人口の急激な増加現象を何というか。 —— 人口爆発
- □⑧日本など先進工業国で進む、出生率の低下や平均寿命の上昇などにともなう現象を何というか。 —— 少子高齢化
- □⑨少子高齢化を迎えた、今日の日本の人口ピラミッドは何型か。 —— つぼ型
- □⑩都心の人口が減少し、郊外の住宅地の人口が増加する現象を何というか。 —— ドーナツ化現象
- □⑪人口の減少と高齢化が進み、地域社会を維持する機能が弱まっている地域を何というか。 —— 過疎地域

要点チェック

1 日本の農林水産業
- 稲作は平野部が中心…進む機械化，多い兼業農家
- 野菜の生産…近郊農業，暖かい気候を利用した促成栽培，冷涼な気候を利用した抑制栽培，温室やビニールハウスを利用した施設園芸農業
- 農業の課題：安い輸入農産物の増加→食料自給率の低下
- 日本の林業：1960年代後半から安い輸入木材が増加→国内林業に打撃
- とる漁業から育てる漁業への転換…養殖漁業，栽培漁業の促進

2 日本の工業と貿易
- 日本の工業は京浜，阪神，中京，北九州の四つの地域を中心に発達
- 太平洋ベルト…東京湾，伊勢湾，大阪湾などに臨海型の工業地域を形成
- 日本は加工貿易に長く依存：原料を輸入し，すぐれた工業製品を輸出
- 多くの日本企業は多国籍企業：貿易の対立をさけるために現地での生産をはかる…労働力や市場を求めて東南アジアや中国に進出
- 活発化する国際貿易：人やもの，サービスの国境をこえた移動が活発
- 世界貿易機関(WTO)：貿易摩擦などの課題を解決するための機関

3 世界の人口とその問題点
- 世界の人口：1950年の人口は約25億人→2012年の人口は約71億人，人口増加の大きなアジア，アフリカ，南アメリカ(世界の総人口の8割)
- 人口爆発：アジアやアフリカなどの発展途上国の人口の急激な増加
- 日本の人口：約1億2700万人(2015年)，世界有数の人口密度の高さ
- 人口の変化…1980年ごろから，急速な高齢化と少子化で少子高齢社会へ
- 三大都市圏(東京，大阪，名古屋)の形成と地方中枢都市の発達
- 日本の人口ピラミッド…富士山型からつりがね型，現在はつぼ型
- 過密地域：限られた土地に企業や人口が集中，特に東京大都市圏に集中
- ドーナツ化現象：都心の人口が減少し，郊外の人口が増加
- 過疎地域：山間地域や離島などを中心に広がる
- 限界集落：過疎地域で，65歳以上の人口が過半数をしめる集落

⑨ 九州地方と中国・四国地方

実力チェック

1 九州地方の自然と産業

- □①九州南部に広がる，火山活動による噴出物が長い年月を経て積み重なってできた地層を何というか。 → シラス
- □②冬でも温暖な九州地方の気候に影響をあたえているのは，黒潮（日本海流）と何海流か。 → 対馬海流
- □③海水が温かくきれいな海にさんごしょうが発達している南西諸島の気候区分は何か。 → 亜熱帯（性）
- □④有明海に面する九州北部にあり，稲作のさかんな地域は何平野か。 → 筑紫平野
- □⑤ビニールハウスでのきゅうりやピーマンなどの促成栽培がさかんなのは，九州南部の何平野か。 → 宮崎平野

2 中国・四国地方の自然と産業

- □⑥中国山地と四国山地にはさまれた温暖で降水量が少ない地域を何地方というか。 → 瀬戸内地方
- □⑦温暖で降水量が多い南四国に，大きな影響をあたえているのは何海流か。 → 黒潮（日本海流）
- □⑧石油化学や石油精製に関する工業施設の集合体を何というか。 → 石油化学コンビナート
- □⑨四国地方で，ビニールハウスを利用したきゅうりやなす，ピーマンなどの野菜の促成栽培がさかんなのは何県か。 → 高知県
- □⑩中国・四国地方の地方中枢都市である広島市の中心部にある，世界遺産に登録された建築物を何というか。 → 原爆ドーム

要点チェック

1 九州地方の自然と産業

- **カルデラ**：阿蘇山や桜島(御岳)などのように噴火でできた大きなくぼ地
- **シラス**：火山活動の噴出物でできた地層
- 九州地方の気候：**黒潮**(日本海流)と**対馬海流**の二つの暖流の影響で冬でも温暖，亜熱帯の南西諸島では**さんごしょう**が発達
- 九州地方は**台風**の通り道…豪雨と強風に備えた家のつくりなどの対策
- 北部は稲作…平野が中心，**筑紫平野**が代表，山間部には**棚田**もある
- 南部は畑作や畜産…**宮崎平野**の野菜の**促成栽培**，牛や豚などの飼育
- 重工業発祥の地…**官営八幡製鉄所**は**筑豊炭田**と，中国の鉄鉱石・石炭を利用
- **エネルギー革命**：1960年代以降，エネルギー源が石炭から**石油**に転換
- 1972年に日本復帰した沖縄県…急成長をした**観光産業**

2 中国・四国地方の自然と産業

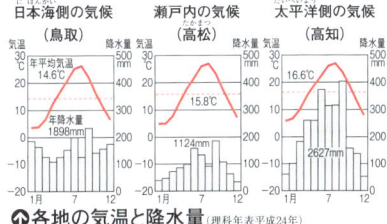

- 中国地方を二つに分ける**中国山地**とけわしい**四国山地**
- 気候…**山陰**地方の冬は**北西の季節風**の影響で雪が多い／**瀬戸内**地方は降水量が少なく温暖／南四国地方は暖流の黒潮(日本海流)の影響により温暖で降水量が多い

◎各地の気温と降水量(理科年表平成24年)

日本海側の気候(鳥取) 年降水量14.6℃ 年降水量1898mm
瀬戸内の気候(高松) 15.8℃ 1124mm
太平洋側の気候(高知) 16.6℃ 2627mm

- **瀬戸内海**…日本最大の内海，九州と近畿を結ぶ海の交通路が発達
- **瀬戸内工業地域**：倉敷や福山に製鉄所，水島や徳山，新居浜などには**石油化学コンビナート**，工業原料は全国の工業都市に供給
- 南四国や瀬戸内の農業…温暖な気候を生かした野菜や果物を生産→**高知県**の促成栽培
- **鳥取砂丘**の農業技術…世界の**さばく化**防止に役立てられる
- 瀬戸内海での**養殖**…広島県の**かき**，愛媛県のまだい
- 中国・四国地方の**地方中枢都市—広島市**…世界最初の**原子爆弾**の投下で多数の犠牲者が出る→戦後，**平和記念都市**，**原爆ドーム**は世界遺産

10 近畿地方と中部地方

実力チェック

1 近畿地方の自然と産業

- ①北部の若狭湾と三重県の志摩半島に見られる海岸線が複雑に入り組んでいる地形を何というか。 → リアス海岸
- ②近畿地方の中央低地にある日本最大の湖は何か。 → 琵琶湖
- ③すぎやひのきの生産地としても知られる，近畿地方の南部に連なるけわしい山地は何か。 → 紀伊山地
- ④1995年に近畿地方を中心に大きな被害をもたらした地震を何というか。 → 阪神・淡路大震災
- ⑤かつては日本第一の工業地帯で，せんい・日用雑貨・食料品などの軽工業がさかんであったのはどこか。 → 阪神工業地帯
- ⑥古くから地元の原料や技術などと結びついて発達した京都の西陣織や京友禅，大阪の堺の高品質の刃物などを何というか。 → 伝統的工芸品

2 中部地方の自然と産業

- ⑦日本アルプスと呼ばれている三つの山脈は，木曽山脈と赤石山脈とあと一つは何山脈か。 → 飛驒山脈
- ⑧越後平野を流れる日本最長の河川は何か。 → 信濃川
- ⑨愛知，岐阜，三重の3県に広がる機械(自動車)工業を中心に発達した工業地帯は何か。 → 中京工業地帯
- ⑩中山道の妻籠宿などのように，江戸時代に旅人の宿泊地として栄えた町を何というか。 → 宿場町
- ⑪地元の資源や労働力などを背景に古くから発展・定着している産業を何というか。 → 地場産業
- ⑫八ヶ岳や浅間山のふもとで，冷涼な気候を生かして栽培されるキャベツなどの野菜を何というか。 → 高原野菜

要点チェック

1 近畿地方の自然と産業

- 北部の若狭湾，東部の志摩半島で発達しているリアス海岸
- 三つに区分…北部は山がちで冷涼な気候／中央低地は琵琶湖，淀川を中心に大阪平野などの平地や京都盆地などが発達／南部はけわしい紀伊山地→林業がさかん
- 阪神・淡路大震災：1995年に発生し，多大な被害を出した→地震への対策が進められている
- 阪神工業地帯：戦前はせんい工業，戦後は製鉄所や石油化学コンビナートなどが中心，現在は液晶パネルなどを生産→パネルベイと呼ばれる
- 近郊農業がさかん…出荷日の朝に収穫して市場へ出す→京野菜など
- 伝統的工芸品：京都の西陣織や京友禅，大阪の堺は刃物の生産地
- 世界遺産（文化遺産）に登録された京都市や奈良市の文化財

2 中部地方の自然と産業

- 日本アルプス：飛騨山脈と木曽山脈，赤石山脈が連なる
- 河川…木曽川や富士川は太平洋，信濃川や神通川などは日本海に注ぐ

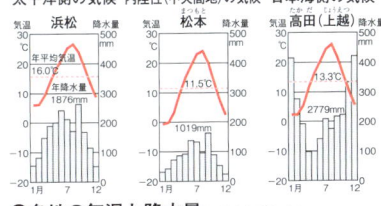

各地の気温と降水量（理科年表平成24年）
太平洋側の気候 浜松／内陸性(中央高地)の気候 松本／日本海側の気候 高田(上越)

- 平地…河川上流部に甲府盆地や松本盆地，下流部に濃尾平野や越後平野
- 三つの気候…東海地方は冬に乾燥して晴れの多い太平洋側の気候／北陸地方は冬に雪が多い日本海側の気候／中央高地は内陸性の気候
- 工業…東海地方：名古屋を中心とする中京工業地帯や東海工業地域では輸送用機械(自動車など)や情報機器／北陸地方：金属，化学工業，伝統産業や地場産業／中央高地：電子部品やIC(集積回路)などの製造
- 農業…北陸地方：稲作／東海地方：愛知用水や豊川用水を活用した野菜や花の施設園芸農業，茶やみかん／中央高地：ぶどうやもも，りんご，高冷地のレタスやキャベツなどの高原野菜の抑制栽培

11 関東地方と東北地方，北海道地方

実力チェック

1 関東地方の自然と産業
- □①関東地方に広がる日本最大の平野は何か。 　関東平野
- □②日本最大の流域面積をもつ河川は何か。 　利根川
- □③関東地方の台地にみられる富士山や浅間山など古い火山の火山灰が堆積した赤土を何というか。 　関東ローム
- □④航空交通において，国際線の中心で，日本最大の貿易港でもある空港はどこか。 　成田国際空港
- □⑤東京湾の臨海部に発達しているのは，京葉工業地域と何工業地帯か。 　京浜工業地帯

2 東北地方の自然と産業
- □⑥東北地方の中央部を南北に走る日本最長の山脈は何か。 　奥羽山脈
- □⑦その南部は山地が太平洋までせまり，複雑な海岸線を持つリアス海岸となっているのはどこか。 　三陸海岸
- □⑧農業に大きな被害をおよぼす，夏に親潮の影響を受けてふく冷たく湿った北東の風を何というか。 　やませ
- □⑨おだやかなリアス海岸の湾を利用して，わかめやかきなどを育てている漁業を何というか。 　養殖(漁業)

3 北海道地方の自然と産業
- □⑩東部にある太平洋岸に面して広がる台地は何か。 　根釧台地
- □⑪夏に，太平洋側で濃霧が発生する原因にもなっている海流は何か。 　親潮(千島海流)
- □⑫札幌や千歳など酪農製品の集散地や，釧路など大きな漁港周辺で発達している工業は何か。 　食品工業
- □⑬日本最大の畑作地域である平野はどこか。 　十勝平野

要点チェック

1 関東地方の自然と産業
- 自然…日本最大の<u>関東平野</u>，日本最大の流域面積をもつ<u>利根川</u>
- 台地は火山灰が堆積した赤土（<u>関東ローム</u>）→多くが<u>畑作</u>地帯
- 関東地方の大部分は<u>太平洋側</u>の気候…冬は乾燥し，冷たい北西の季節風（<u>からっ風</u>）がふき，夏はむし暑く，内陸部は高温になる
- 羽田の<u>東京国際空港</u>は国内線，千葉県成田の<u>成田国際空港</u>は国際線中心
- <u>首都</u>東京に集中する国会議事堂や中央官庁などの<u>中枢機能</u>
- 臨海部に<u>京浜工業地帯</u>や<u>京葉工業地域</u>など，内陸部に多くの<u>工業団地</u>が点在
- 大都市向けに野菜を出荷する<u>近郊農業</u>，高冷地での<u>高原野菜</u>の抑制栽培

2 東北地方の自然と産業
- 三つの山地…中央に<u>奥羽山脈</u>，その西側に出羽山地，東側に北上高地
- 北上高地の東側の<u>三陸海岸</u>南部には，海岸線が複雑な<u>リアス海岸</u>
- 太平洋側の気候…夏に寒流の親潮（千島海流）の影響で<u>やませ</u>と呼ばれる冷たく湿った<u>北東</u>の風がふくことがある→農業被害がでる<u>冷害</u>が発生
- <u>東日本大震災</u>（2011年）：地震・津波や原子力発電所の事故で大きな被害
- 東北地方は日本の<u>穀倉地帯</u>（稲作）…秋田平野，<u>庄内平野</u>，仙台平野など
- 果樹栽培…津軽平野の<u>りんご</u>，山形盆地の<u>さくらんぼ</u>，福島盆地の<u>もも</u>
- 漁業…三陸海岸沖の<u>潮目</u>は好漁場，リアス海岸の湾はかきなどの<u>養殖</u>

3 北海道地方の自然と産業
- 中央に日高山脈と北見山地，西に石狩平野，東に十勝平野や<u>根釧台地</u>
- 北海道は<u>冷帯</u>（<u>亜寒帯</u>）の気候…夏が短く冬が長い，<u>梅雨</u>がない
- 太平洋側の夏は親潮の影響で<u>濃霧</u>，<u>オホーツク海</u>沿岸の冬は流氷
- 先住民族の<u>アイヌの人たち</u>…土地をうばわれ，人口も減少
- 明治時代に政府は北海道<u>開拓使</u>を置き，<u>屯田兵</u>などが大規模な開拓
- 農業…<u>石狩平野</u>は稲作，<u>十勝平野</u>は日本最大の畑作地域，寒冷な根釧台地は<u>酪農</u>，北海道の畑作農家一戸あたりの耕地面積は約10ha
- 全国一の漁獲量，地元の農水産物を加工する<u>食品工業</u>や製紙業がさかん

歴史的分野

12 文明のおこり～弥生時代

実力チェック

1 人類の進化と文明のおこり

- ①700万年から600万年前に出現した最古の人類は何か。 　猿人
- ②現在の人類の祖先とされる人類は何か。 　新人(ホモ・サピエンス)
- ③打製石器を使い，狩りや採集をしていた時代を何というか。 　旧石器時代
- ④ナイル川流域に生まれ，ピラミッド，太陽暦，象形文字をつくりだした文明は何か。 　エジプト文明
- ⑤チグリス川とユーフラテス川流域に生まれ，くさび形文字，太陰暦などを発明した文明は何か。 　メソポタミア文明
- ⑥紀元前5世紀ごろ，仏教を開いたのはだれか。 　シャカ(釈迦)
- ⑦紀元前3世紀，中国を統一した国はどこか。 　秦

2 縄文・弥生文化と邪馬台国

- ⑧地面をほりくぼめて柱を立て，屋根をかけた住居を何というか。 　たて穴住居
- ⑨紀元前4世紀ごろ，大陸から九州北部に伝わった農作物の栽培技術は何か。 　稲作
- ⑩ねずみ返しを備え，米をたくわえた建物は何か。 　高床倉庫
- ⑪厚手で，黒褐色の表面に縄目の文様がついた縄文土器に対し，赤褐色で，薄手のかたい土器を何と呼ぶか。 　弥生土器
- ⑫1世紀半ば，倭の王が後漢から授けられた，「漢委奴国王」と刻まれたものは何か。 　金印
- ⑬親魏倭王の称号を受けたとされる邪馬台国の女王はだれか。 　卑弥呼

要点チェック

1 人類の進化と文明のおこり

- 人類の進化：猿人(最古の人類)→原人(石を打ち欠いた打製石器を使用)→新人〈ホモ・サピエンス〉(現在の人類の直接の祖先)
- 旧石器時代：打製石器, 狩り・採集→新石器時代：土器, 磨製石器, 農耕・牧畜
- エジプト文明：紀元前3000年ごろ, ピラミッド, 太陽暦, 象形文字
- メソポタミア文明：紀元前3000年ごろ, くさび形文字, 太陰暦, 60進法
- インダス文明：紀元前2500年ごろ, 計画的な都市建設, 文字は未解読
- 三大宗教：仏教(シャカ〈釈迦〉),キリスト教(イエス),イスラム教(ムハンマド)
- 中国文明(殷)：紀元前16世紀ごろ, 青銅器・甲骨文字を使用(黄河流域)
- 儒学(儒教)：紀元前6世紀ごろ, 孔子が説いた新しい思想
- 秦：紀元前3世紀, 始皇帝が中国を統一→万里の長城の建設
- 漢：武帝のときに大帝国, シルクロード(絹の道)→西方世界との交流
- ギリシャ：神殿と広場を中心とする都市国家(ポリス), 直接民主政
- ローマ帝国：紀元前30年に地中海を囲む地域を統一

2 縄文・弥生文化と邪馬台国

- 氷河時代：大陸と陸続き→大形動物を追って人々が移住
- 縄文時代：1万2000年前, 土器(縄文土器)をつくり始める→縄文文化
  - 貝塚：食べ物の残りかすなどの捨て場→当時の生活を知る手がかり
  - たて穴住居：地面をほりくぼめて柱を立て, 屋根をかけた住居
  - 縄文文化の代表的な遺跡：三内丸山遺跡(青森県)
- 弥生時代：紀元前4世紀ごろから, 弥生土器を使用→弥生文化
  - 稲作の伝来：紀元前4世紀, 大陸から九州北部に伝わる→東日本へ
  - 高床倉庫の活用, 青銅器(銅剣・銅鏡・銅鐸)や鉄器の使用
  - 弥生文化の代表的な遺跡：登呂遺跡(静岡県), 吉野ヶ里遺跡(佐賀県)
- 「後漢書」：1世紀半ば, 奴国の王が後漢に使い→金印(「漢委奴国王」)
- 「三国志」魏書の倭人伝(「魏志倭人伝」)→邪馬台国に関する記述
- 邪馬台国：女王卑弥呼が魏に使い→「親魏倭王」の称号, 金印や銅鏡

13 古墳時代〜律令国家の成立

実力チェック

1 古墳文化と東アジア世界との交流

- □①3世紀後半，奈良盆地を中心とする地域に生まれた政権は何か。 → 大和政権
- □②大仙古墳に代表される古墳の形を何というか。 → 前方後円墳
- □③朝鮮半島から日本列島に移り住み，技術や文化を伝えた人々を何というか。 → 渡来人

2 聖徳太子の政治と律令国家へのあゆみ

- □④家柄にとらわれず，才能のある者を取り立てることを目的に，聖徳太子がつくった制度は何か。 → 冠位十二階
- □⑤天皇の命令に従うことなど，役人の心構えを示したものは何か。 → 十七条の憲法
- □⑥奈良盆地で栄えた，日本最初の仏教文化は何か。 → 飛鳥文化
- □⑦中臣鎌足と並ぶ大化の改新の中心人物はだれか。 → 中大兄皇子
- □⑧大化の改新でめざされた，法律にもとづく国家を何というか。 → 律令国家
- □⑨天智天皇没後に起きた，あとつぎ争いは何か。 → 壬申の乱

3 律令国家の成立と平城京

- □⑩701年，唐にならってつくられた法律は何か。 → 大宝律令
- □⑪710年，長安にならって造営された都は何か。 → 平城京
- □⑫人々を良民，奴婢(奴隷)などに分けて登録した台帳で，6年ごとにつくられたものは何か。 → 戸籍
- □⑬口分田を支給し，死ぬと返させる制度とは何か。 → 班田収授法
- □⑭新しく開墾した土地の私有を認めた法律は何か。 → 墾田永年私財法
- □⑮貴族や寺院が開墾で獲得した私有地は何か。 → 荘園
- □⑯天皇から農民までの歌を集めた和歌集は何か。 → 「万葉集」

要点チェック

1 古墳文化と東アジア世界との交流

- **大和政権**：3世紀後半，奈良盆地を中心とする地域，王を豪族が支える
- **古墳時代**：3世紀から6世紀末ごろ，古墳（王や豪族の墓）がさかんにつくられた時代，大仙古墳（仁徳陵古墳）のような**前方後円墳**
- 大和政権の発展：5世紀，九州地方から東北地方南部を従える→**大王**
- 大和政権の拡大→**百済**，**伽耶（任那）**の国々と結び，高句麗・新羅と戦う
- **渡来人**：朝鮮半島から移り住む→漢字や仏教，須恵器や土木技術の伝来

2 聖徳太子の政治と律令国家へのあゆみ

- **聖徳太子**：**推古天皇**の摂政として大王（天皇）中心の政治制度をめざす
  →**冠位十二階**や**十七条の憲法**を制定
- **遣隋使**：**小野妹子**らを隋に派遣　・6世紀中ごろ，**百済**から仏教が伝来
- **飛鳥文化**：飛鳥地方で栄えた，日本最初の仏教文化→**法隆寺**など
- **大化の改新**：**中大兄皇子**，**中臣鎌足**（藤原鎌足）らによる政治改革
  ・645年，蘇我蝦夷・入鹿をたおし，**公地・公民**などの改革を始める
- **壬申の乱**：天智天皇の後継争い→天皇の弟が勝って即位（**天武天皇**）

3 律令国家の成立と平城京

- **大宝律令**：律令国家のしくみを整えるために，701年制定
- **平城京**：710年，唐の都長安にならって造営→**奈良時代**
- **戸籍**：良民と，奴婢（奴隷）などの賤民に分けて登録
- **班田収授法**：6歳以上の人に，**口分田**を支給→**租**（収穫量の**約3％**）や**調・庸**（成人男子のみ，布や特産物）などの税を負担，兵役の義務
- **墾田永年私財法**（743年）：人口増加による口分田の不足→開墾をすすめるため土地の私有を認める→貴族や寺院が私有地を広げる→**荘園**
- **遣唐使**：朝廷の使節として唐にわたり，唐の制度や文化を持ち帰った
- **天平文化**：仏教と唐の影響を受けた国際的な文化→**聖武天皇**の時代
  ・国ごとに**国分寺・国分尼寺**，都に**東大寺**を建立→**大仏**をつくらせた
- 「**古事記**」「**日本書紀**」などの歴史書や「**風土記**」，「万葉集」を編さん

14 平安時代〜鎌倉幕府の滅亡

実力チェック

1 平安京とその時代の文化
- ①都を平安京に移した天皇はだれか。 — 桓武天皇
- ②天台宗を開き，延暦寺を建てたのはだれか。 — 最澄
- ③摂関政治の最盛期に，「この世をば わが世とぞ思う…」という和歌をよんだのはだれか。 — 藤原道長
- ④唐風の文化をふまえながら生み出された，日本の風土・生活・感情に合った文化は何か。 — 国風文化
- ⑤「源氏物語」の作者はだれか。 — 紫式部

2 武士の成長と鎌倉幕府の成立
- ⑥天皇が位をゆずって上皇となったのちも政治を行うことを何というか。 — 院政
- ⑦保元の乱と平治の乱という二度の内乱に勝ち，平氏の政権を築いた人物はだれか。 — 平清盛
- ⑧源頼朝が源義経追討を理由に，国ごとに置いた役職は何か。 — 守護
- ⑨頼朝が朝廷から任命された役職は何か。 — 征夷大将軍
- ⑩御家人が将軍の御恩に報いるため幕府や御所の警備，軍役などを果たすことを何というか。 — 奉公
- ⑪執権であった北条泰時が武士社会の慣習にもとづいて，武士のためにつくった法律は何か。 — 御成敗式目(貞永式目)
- ⑫東大寺南大門金剛力士像を制作したのはだれか。 — 運慶
- ⑬浄土宗を開き，念仏を唱えよと説いたのはだれか。 — 法然

3 鎌倉幕府の滅亡
- ⑭二度の元の襲来を総称して何というか。 — 元寇
- ⑮御家人救済のため，幕府が出した法令は何か。 — 徳政令

要点チェック

1 平安京とその時代の文化
- 桓武天皇は都を長岡京、そして794年には平安京に移した→平安時代
- 最澄：天台宗（比叡山延暦寺）　・空海：真言宗（高野山金剛峯寺）
- 藤原氏による摂関政治→最盛期は11世紀前半、藤原道長・頼通父子のころ
- 国風文化：唐風の文化をふまえ、日本の風土・生活などに合った文化
  - 仮名文字の普及→「古今和歌集」や紫式部「源氏物語」、清少納言「枕草子」
- 社会が乱れ、浄土信仰がさかん→阿弥陀堂の建立（平等院鳳凰堂）

2 武士の成長と鎌倉幕府の成立
- 武士団の形成→源氏や平氏が朝廷を助け平将門や藤原純友の反乱を平定
- 院政：天皇が位をゆずったのちも上皇として政治を行う→白河上皇
- 保元の乱・平治の乱→平清盛が太政大臣となる→武家政権の成立
- 源頼朝が源義経を送り、平氏をほろぼす（壇ノ浦の戦い、1185年）
- 1185年、国ごとに守護、荘園や公領ごとに地頭→武家政権（鎌倉幕府）
- 鎌倉幕府のしくみ：侍所（御家人の統率・軍事）、政所（財政）、問注所（裁判）
- 1192年、頼朝が征夷大将軍：将軍と御家人は御恩と奉公で結ばれる
- 承久の乱：1221年、後鳥羽上皇が挙兵するが失敗→六波羅探題の設置
- 1232年、執権（将軍の補佐）北条泰時が御成敗式目（貞永式目）を制定
- 農業…鉄製農具の普及、肥料（草木の灰）、二毛作　・定期市の発達
- 文学…「新古今和歌集」、「平家物語」（琵琶法師が語る）、「徒然草」（兼好法師）
- 建築・彫刻：運慶らによる金剛力士像（東大寺南大門）
- 浄土信仰：浄土宗（法然）、浄土真宗（親鸞）、時宗（一遍）→念仏の教え
- 日蓮が開いた日蓮宗（法華宗）　・禅宗：臨済宗（栄西）や曹洞宗（道元）

3 鎌倉幕府の滅亡
- 元のフビライ・ハンが使者を送るが執権の北条時宗が拒否→元寇
  - 二度の襲来：1274年（文永の役）と1281年（弘安の役）
- 御家人の窮乏：分割相続で領地が細分化→幕府が（永仁の）徳政令を出す
- 1333年、後醍醐天皇に楠木正成、足利尊氏らが味方→鎌倉幕府の滅亡

15 室町幕府の成立〜15・16世紀の世界

実力チェック

1 室町幕府の成立と南北朝の動乱

- □①後醍醐天皇が進めた新しい政治を何というか。 　建武の新政
- □②南北朝を統一した室町幕府の将軍はだれか。 　足利義満
- □③大陸沿岸をあらした日本人らの集団を何というか。 　倭寇
- □④足利義満が始めた日明貿易を，別名というか。 　勘合貿易
- □⑤営業を独占した商工業者の団体を何というか。 　座
- □⑥村の運営にあたった自治組織を何というか。 　惣
- □⑦農民などが借金の帳消しなどを求め，土倉や酒屋などをおそった実力行動を何というか。 　土一揆

2 応仁の乱と室町時代の文化

- □⑧1467年に京都で起きた戦乱とは何か。 　応仁の乱
- □⑨実力者が上の者に打ち勝つ風潮を何というか。 　下剋上
- □⑩戦国大名が制定した独自の法律を何というか。 　分国法
- □⑪観阿弥・世阿弥親子が大成した芸能は何か。 　能
- □⑫北山文化を代表する，寺院の様式を武家の住居に取り入れた建築様式を何というか。 　書院造

3 15・16世紀の世界の動きと日本

- □⑬15世紀ごろに全盛となった，人間性の表現を重視した美術や科学の活動を何というか。 　ルネサンス
- □⑭キリスト教世界で起きた，カトリック教会やローマ教皇(法王)を批判する動きを何というか。 　宗教改革
- □⑮アフリカ南端を回りインドにいたる航路を開拓した人物はだれか。 　バスコ・ダ・ガマ
- □⑯1543年，種子島に伝えられたものは何か。 　鉄砲
- □⑰1549年，日本にキリスト教を伝えたのはだれか。 　ザビエル

要点チェック

1 室町幕府の成立と南北朝の動乱

- **建武の新政**：後醍醐天皇が公家を重視→足利尊氏が挙兵→**南北朝時代**
- 尊氏が1338年に**室町幕府**を開く→**足利義満**が1392年に南北朝を統一
- **倭寇**：西日本の武士・商人などが集団で大陸沿岸をあらす
  ⇒**明**が取りしまりを要求→義満は日明貿易(**勘合貿易**)を始める
- 14世紀末に李成桂が**朝鮮国**を建国，15世紀に尚氏が**琉球王国**を建国
- 農業…**二毛作**が広がる，水車や堆肥の使用，麻などの**商品作物**の栽培
- **馬借**や**問**(運送業・倉庫業者)の活動や**土倉**・酒屋(金融業者)らによる**座**
- 農民は自治組織(**惣**)をつくり，村を運営→**土一揆**なども起こす

2 応仁の乱と室町時代の文化

- **応仁の乱**：**足利義政**のあとつぎ問題，守護大名の対立から起きた内乱
- **下剋上**：実力のある者が上の身分の者に打ち勝つ風潮
- 山城**国一揆**，加賀の**一向一揆**：守護大名を追いはらい，民衆による自治
- 自治都市：博多や堺，京都では有力町人(京都の**町衆**など)による自治
- **戦国大名**：家来や商工業者を集めた**城下町**，**分国法**の制定
- 新しい文化…茶の湯，連歌，**能**(観阿弥・世阿弥親子が大成)
- **北山文化**：**足利義満**のころ，公家文化と武家文化の融合→**金閣**
  ・現代の和風建築のもとになった**書院造**や**雪舟**が完成させた**水墨画**
- **東山文化**：**足利義政**のころ，簡素で気品のある文化→**銀閣**

3 15・16世紀の世界の動きと日本

- **ルネサンス**＝文芸復興(再生)：人間性を表現する美術，科学
- **宗教改革**：**ルター**らが**カトリック教会**を批判＝プロテスタント
- 新航路の開拓：**バスコ・ダ・ガマ**(インド航路)，**コロンブス**(1492年，カリブ海の島に到達)，**マゼラン**の船隊(1519～22年，世界一周)
- 1543年，種子島に**鉄砲**が伝来→戦国大名が注目→全国統一を促進
- 1549年，イエズス会の宣教師**ザビエル**が，日本に**キリスト教**を伝える
- **南蛮貿易**：南蛮人(ポルトガル人，スペイン人)との貿易

16 織豊時代〜江戸幕府の成立

実力チェック

1 戦国時代から全国統一へ

- ①織田信長が鉄砲を有効に使い、武田勝頼を破った戦いを何というか。 → 長篠の戦い
- ②信長が、商工業を発展させるために安土城下で実施した政策は何か。 → 楽市・楽座
- ③豊臣秀吉が、全国の田畑の面積、土地のよしあしを調べ、予想収穫量を明確にさせた事業は何か。 → 太閤検地
- ④秀吉が、一揆を防ぎ、耕作に専念させるために、農民から武器を取り上げた施策は何か。 → 刀狩
- ⑤大名や大商人の権力や富を背景とした、16世紀末期の豪華で壮大な文化を何というか。 → 桃山文化
- ⑥わび茶の作法を大成したのはだれか。 → 千利休
- ⑦かぶき踊りを始めたのはだれか。 → 出雲の阿国

2 江戸幕府の成立

- ⑧1600年、徳川家康が石田三成を破った戦いは何か。 → 関ヶ原の戦い
- ⑨幕府が江戸などへの人の出入りを監視するために、街道の要所に置いた役所は何か。 → 関所
- ⑩関ヶ原の戦い以前から徳川氏に従っていた大名を何というか。 → 譜代大名
- ⑪幕府の政治の中心であり、将軍により譜代大名の中から選ばれ任命された役職は何か。 → 老中
- ⑫大名を統制するために定められた法律は何か。 → 武家諸法度
- ⑬大名が1年おきに領地と江戸を往復する制度は何か。 → 参勤交代
- ⑭朝廷を統制するために定められた法律は何か。 → 禁中並公家諸法度

要点チェック

1 戦国時代から全国統一へ

- 織田信長：駿河の今川義元を桶狭間の戦い(1560年)で破り台頭
  - 室町幕府の滅亡：1573年，信長が将軍の足利義昭を京都から追放
  - 長篠の戦い(1575年)：鉄砲を有効に使った戦法で武田勝頼を破る
  - 楽市・楽座：安土城下で税を免除し，座を廃止し，関所も廃止
- 豊臣秀吉：1582年，信長を本能寺で自害させた明智光秀をたおす
  - 大阪城を本拠地とし，関白となる　・1590年，全国統一を完成
  - 太閤検地と刀狩を実施→兵農分離：武士と農民の身分を明確にする
  - 朝鮮侵略：明の征服をめざし，2度派兵(文禄の役，慶長の役)
- 桃山文化：権力と富を背景とした豪華で壮大な文化→安土城や大阪城の天守，狩野永徳や狩野山楽らによるはなやかなふすま絵や屏風絵
  - 茶の湯：わび茶の作法を千利休が大成　・かぶき踊り：出雲の阿国

2 江戸幕府の成立

- 関ヶ原の戦い：1600年，徳川家康が豊臣政権を支持する石田三成などを破り，1603年，征夷大将軍に任命される→江戸幕府の成立
- 大阪の陣：1614(冬)・1615(夏)年，豊臣氏が滅亡→江戸幕府の権力確立
- 街道の整備：東海道など五街道を整備し，宿場・関所を置く
- 大名：将軍から1万石以上の領地をあたえられた武士→親藩，譜代大名，外様大名
- 幕藩体制：幕府と藩の力で全国の土地と人民を支配するしくみ
- 幕府の組織：老中を中心とする，若年寄がこれを補佐する
- 武家諸法度：大名を統制する法律→参勤交代は徳川家光が1635年に制定
- 禁中並公家諸法度：朝廷を統制する法律

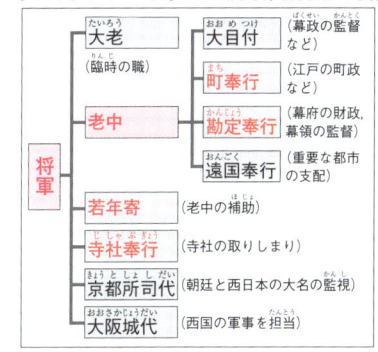

将軍	大老(臨時の職)	大目付 (幕政の監督など)
		町奉行 (江戸の町政など)
	老中	勘定奉行 (幕府の財政，幕領の監督)
		遠国奉行 (重要な都市の支配)
	若年寄	(老中の補助)
	寺社奉行	(寺社の取りしまり)
	京都所司代	(朝廷と西日本の大名の監視)
	大阪城代	(西国の軍事を担当)

↑江戸幕府のしくみ

17 身分制度の確立〜諸産業の発達

実力チェック

1 江戸時代の身分制度

- □① 土地を持ち，検地帳に登録され，年貢を負担した百姓を何というか。 — **本百姓**
- □② 犯罪の防止や年貢の納入に連帯責任を負わせるため，農村につくられた制度を何というか。 — **五人組**

2 鎖国体制の成立

- □③ 16世紀から17世紀にかけ，貿易のために海外に行く船にあたえられた渡航許可証を何というか。 — **朱印状**
- □④ キリスト教徒への迫害や重い年貢に苦しめられた人々が，1637年に起こした一揆は何か。 — **島原・天草一揆**
- □⑤ オランダ商館が置かれ，ヨーロッパに開かれた唯一の窓口となった長崎の人工の島を何と呼ぶか。 — **出島**
- □⑥ 将軍の代がわりごとに，その祝賀のために朝鮮から派遣された使節を何というか。 — **朝鮮通信使**

3 諸産業と都市の発達

- □⑦ 開墾や干拓で生み出された耕地を何というか。 — **新田**
- □⑧ 深く耕せることから全国に広まった農具は何か。 — **備中ぐわ**
- □⑨ 諸藩が年貢米や特産物を売りさばくために，大阪や江戸などに設けた役所を何というか。 — **蔵屋敷**
- □⑩ 幕府の許可を受け，営業を独占した同業者組織は何か。 — **株仲間**
- □⑪ 儒学で，特に身分秩序を重視した学問は何か。 — **朱子学**
- □⑫ 「日本永代蔵」などの浮世草子を書いたのはだれか。 — **井原西鶴**
- □⑬ 俳諧の新しい作風を示したのはだれか。 — **松尾芭蕉**
- □⑭ 町人の風俗をえがく浮世絵を始めたのはだれか。 — **菱川師宣**

要点チェック

1 江戸時代の身分制度
- 身分制度：武士，百姓，町人→武士は名字・帯刀などの特権あり
- 町人：地主・家持に限り町の運営に参加→名主などの町役人
- 百姓：本百姓(土地を持つ)と水のみ百姓(土地を持たず，小作など)
  - 有力な本百姓→村役人(庄屋，組頭，百姓代など)として自治を行う
  - 村の統制：村八分(おきてを破った者への制裁)や五人組(連帯責任)
- えた身分，ひにん身分→職業が制限され，厳しい規制

2 鎖国体制の成立
- 朱印船貿易：幕府の朱印状(渡航許可証)を持つ船による貿易
- 1612年，キリスト教禁止令(禁教令)→日本人の海外渡航と帰国の禁止(1635年)
- 島原・天草一揆：キリスト教徒への迫害と重い年貢→1637年，天草四郎(益田時貞)らが一揆→絵踏を行ったり，宗門改による監視
- 鎖国体制：ポルトガル人を追放(1639年)，オランダ商館を長崎の出島に移す(1641年)→中国船とオランダ船だけ貿易を許可→鎖国の完成
- オランダ，中国：長崎で交易→オランダ風説書，唐船風説書の提出
- 朝鮮：対馬藩を通じて交流→朝鮮通信使(将軍代がわりの祝賀使節)
- 琉球王国：薩摩藩の支配下に入る一方，中国(明，清)に朝貢
- アイヌ民族：松前藩が交易を独占→17世紀後半のシャクシャインの戦い

3 諸産業と都市の発達
- 新田開発，備中ぐわや千歯こきなどの普及，商品作物栽培の広がり
- 水産業：いわし漁などがさかん ・港町，宿場町，門前町が栄える
- 大阪：全国の商業や金融の中心(「天下の台所」)→諸藩は大阪に蔵屋敷
- 株仲間：大商人が，幕府の許可を得て営業を独占した同業者組織
- 徳川綱吉：朱子学(身分秩序を重視)を奨励，生類憐みの令を出す
- 元禄文化：都市の繁栄を背景に，上方の町人をにない手とする文化
  - 井原西鶴(浮世草子)，近松門左衛門(人形浄瑠璃の台本)，松尾芭蕉(俳諧)
  - 尾形光琳(大和絵風の装飾画)，菱川師宣(浮世絵の祖)

18 三大改革と社会の変化

実力チェック

1 三大改革と社会の変化

- □①18世紀はじめに行われた幕府の改革は何か。 → 享保の改革
- □②徳川吉宗が定めた裁判の基準となる法律は何か。 → 公事方御定書
- □③問屋が農民に織機やお金を前貸しして布を織らせ，製品を安く買い取るしくみを何というか。 → 問屋制家内工業
- □④米を買いしめた商人などに対して行われた都市民の実力行動を何というか。 → 打ちこわし
- □⑤18世紀後半，商工業者の力を利用して幕府財政を再建しようとした老中はだれか。 → 田沼意次
- □⑥寛政の改革を進めた老中はだれか。 → 松平定信
- □⑦1804年，長崎に来航し交易を求めた国はどこか。 → ロシア
- □⑧日本古来の伝統を評価しようとした学問は何か。 → 国学
- □⑨杉田玄白らが翻訳した医学書の名称は何か。 → 「解体新書」
- □⑩全国を測量し，日本地図をつくったのはだれか。 → 伊能忠敬
- □⑪19世紀はじめ江戸を中心とした，庶民をにない手とする文化を何というか。 → 化政文化
- □⑫「ポッピンを吹く女」などの美人画で知られる浮世絵画家はだれか。 → 喜多川歌麿
- □⑬「富嶽三十六景」をえがいた浮世絵画家はだれか。 → 葛飾北斎
- □⑭藩が子弟の教育のためにつくった機関は何か。 → 藩校
- □⑮実用的知識を教えた庶民の教育機関は何か。 → 寺子屋
- □⑯幕府が外国船の撃退を命じた法令は何か。 → 異国船打払令
- □⑰大阪で反乱を起こした元町奉行所役人はだれか。 → 大塩平八郎
- □⑱19世紀中ごろに行われた幕府の改革は何か。 → 天保の改革
- □⑲天保の改革を進めた老中はだれか。 → 水野忠邦

要点チェック

1 三大改革と社会の変化

- 享保の改革：徳川吉宗，年貢を増やすことを中心とした財政再建
  - 上げ米の制や公事方御定書（裁判の基準となる法律）
  - 新田開発，米価の安定，人材登用，目安箱，洋書輸入の一部解禁
- 農村の変化：土地を手放し小作人になる百姓と地主になる裕福な百姓
- 家内工業：問屋制家内工業→工場制手工業（マニュファクチュア）
- 18世紀，百姓一揆や都市での打ちこわしが増加
- 老中田沼意次の政治：商工業者の力を利用した幕府財政の再建
- 寛政の改革：老中松平定信，吉宗の政治を理想とした農業中心の政策
  - 江戸に出てきた農民を故郷に帰す，商品作物の栽培の制限
  - 昌平坂学問所をつくり，朱子学以外の学問を教えることを禁止
  - 旗本，御家人の札差からの借金帳消し，倹約令，出版の統制→反発
- ロシアの使節レザノフ：長崎に来航（1804年）→幕府は通商の要求を拒否
- 本居宣長（国学の大成），杉田玄白（「解体新書」），伊能忠敬（日本地図の作製）
- 化政文化：江戸を中心とした，庶民をにない手とする文化
  - 浮世絵…多色刷りの版画（錦絵）が流行→東洲斎写楽の役者絵，喜多川歌麿の美人画，葛飾北斎や歌川（安藤）広重の風景画
  - 文芸…川柳・狂歌，十返舎一九（「東海道中膝栗毛」），滝沢馬琴（「南総里見八犬伝」），与謝蕪村・小林一茶（俳句）
- 教育…私塾（緒方洪庵の適塾，シーボルトの医学塾），藩校，寺子屋
- 19世紀，諸外国の船が日本に接近（フェートン号事件）→異国船打払令
- モリソン号事件→渡辺崋山・高野長英が幕府を批判し処罰（蛮社の獄）
- 天保のききん→1837年に大塩平八郎（元大阪町奉行所役人）の反乱
- 天保の改革：老中水野忠邦の改革，寛政の改革にならう
  - 倹約令，風俗の取りしまり，株仲間の解散，出かせぎ農民の帰郷
  - 異国船打払令を撤廃←アヘン戦争（1840～42年）で清がイギリスに敗北
- 藩政改革：特産物の奨励と専売制の実施→薩摩藩，長州藩，肥前藩など

19 欧米近代革命～江戸幕府の滅亡

実力チェック

1 欧米諸国の市民革命とアジア進出

- □①社会契約説，抵抗権を主張したイギリスの啓蒙思想家はだれか。 — ロック
- □②1640年，国王の専制政治と議会との対立から始まったイギリスの市民革命は何か。 — ピューリタン革命
- □③フランス革命で，1789年に出された，自由，平等，人民主権などをうたった宣言は何か。 — 人権宣言
- □④イギリスで始まった，技術の向上が産業と社会のしくみを変化させた動きを何というか。 — 産業革命
- □⑤アメリカで，1861年に起きた内戦を何というか。 — 南北戦争
- □⑥1840年，貿易をめぐるイギリスと清の対立から起きた戦争は何か。 — アヘン戦争

2 開国と江戸幕府の滅亡

- □⑦1853年，浦賀に来航した人物はだれか。 — ペリー
- □⑧1858年，函館，神奈川（横浜）など5港を開き，貿易の開始をアメリカと約束した条約は何か。 — 日米修好通商条約
- □⑨外国で起こした事件でも，領事が自分の国の法律によって裁判を行う権利を何というか。 — 領事裁判権
- □⑩天皇を尊び，外国勢力を排除せよと主張する運動を何というか。 — 尊王攘夷運動
- □⑪大老井伊直弼が，幕府を批判する大名や武士などを多数処罰した事件を何というか。 — 安政の大獄
- □⑫1867年，大政奉還を行った将軍はだれか。 — 徳川慶喜
- □⑬1868年，旧幕府軍と新政府軍との間で起きた戦争を何というか。 — 戊辰戦争

要点チェック

1 欧米諸国の市民革命とアジア進出

- **王権神授説**：国王の権力は神から授けられたもの→**絶対王政**
- **啓蒙思想**：偏見や迷信を取りのぞき，理性と合理性を重視→市民社会
  - **ロック**(社会契約説)，**モンテスキュー**(三権分立)，**ルソー**(人民主権)
- イギリスの**市民革命**：ピューリタン革命(1640〜60年，クロムウェルが指導→共和制)，**名誉革命**(1688年，1689年に「**権利章典**」を制定)
- アメリカ合衆国の独立：1776年，イギリスからの**独立宣言**
  - **合衆国憲法**：人民主権，連邦制，三権分立→初代大統領**ワシントン**
- **フランス革命**：1789年，旧体制への不満から革命へ
  - **人権宣言**：特権の廃止，自由，平等，人民主権，私有財産の不可侵
- **産業革命**：イギリスでは製鉄，機械，造船などが発達→「**世界の工場**」へ
- **資本主義**：**資本家**が，**労働者**をやとい，利潤をめざして自由に競争
- ドイツ：ビスマルクの富国強兵政策→1871年に統一，**ドイツ帝国**成立
- アメリカ：**南北戦争**(1861〜65年)で**リンカン**の北部が勝利→奴隷解放
- イギリス：資本主義の発展→**三角貿易**→**アヘン戦争**(1840〜42年)
- **太平天国の乱**→中国が混乱→英仏が北京を占領→市場開放などを容認
- **インド大反乱**：インド兵の反乱をイギリスが鎮圧→植民地支配の拠点

2 開国と江戸幕府の滅亡

- **ペリー**が浦賀に来航(1853年)→1854年，**日米和親条約**：下田，函館を開港
- **日米修好通商条約**(1858年)：函館など5港を開き，自由な貿易を認める
  - 不平等条約：アメリカの**領事裁判権**を認め，日本には**関税自主権**がない
  - 開国の影響：**物価の上昇**と安価な綿織物の輸入→国内の生産地に打撃
- 大老**井伊直弼**は尊王攘夷派の大名や長州藩士の**吉田松陰**などの武士，公家を処罰(**安政の大獄**)→1860年，井伊直弼の暗殺(**桜田門外の変**)
- 1866年，土佐藩出身の**坂本龍馬**の仲立ちにより**薩長同盟**が成立
- **大政奉還**(1867年)：15代将軍**徳川慶喜**が政権を朝廷に返上→幕府滅亡
- **王政復古の大号令**→慶喜に官職・領地の返上命令→**戊辰戦争**(1868〜69年)

41

20 明治維新〜自由民権運動

実力チェック

1 明治維新と新政府の改革

- ① 1868年, 新政府の政治方針を示したものは何か。 — 五箇条の御誓文
- ② 1871年, 藩を廃止して県を置いた政策を何というか。 — 廃藩置県
- ③ 少数の公家と薩摩, 長州, 土佐, 肥前の出身者が実権をにぎって行った政治を何というか。 — 藩閥政治
- ④ 経済を発展させて国力をつけ, 軍隊を強くして, 列強に対抗しようとする方針を何というか。 — 富国強兵
- ⑤ 1872年に公布された, 学校制度を定めた法令は何か。 — 学制
- ⑥ 1873年から実施された, 近代的な土地の所有権を認め, 税制を確立した改革は何か。 — 地租改正

2 文明開化と近代的な国際関係

- ⑦「学問のすゝめ」をあらわした人物はだれか。 — 福沢諭吉
- ⑧ ルソーを紹介し, 自由民権運動に影響をあたえた人物はだれか。 — 中江兆民
- ⑨ 富岡製糸場など, 新技術の開発と普及を目的に政府がつくった工場を何というか。 — 官営模範工場
- ⑩ 北海道で農業を兼業した兵士を何というか。 — 屯田兵
- ⑪ 西郷隆盛らが唱えた武力を使ってでも朝鮮を開国させるべきとの主張を何というか。 — 征韓論

3 自由民権運動の展開

- ⑫ 1874年, 板垣退助らが国会開設を求めて政府に提出したものとは何か。 — 民撰議院設立の建白書
- ⑬ 1877年に鹿児島で起きた, 士族の反乱は何か。 — 西南戦争
- ⑭ 藩閥政治を批判し, 国会開設を求めた運動は何か。 — 自由民権運動

要点チェック

1 明治維新と新政府の改革

- 五箇条の御誓文：1868年3月に示された新政府の基本方針
- 版籍奉還：1869年，土地(版)と人民(籍)を政府に返還
- 廃藩置県：1871年，藩を廃止して県を置く→中央集権国家
- 公家と薩長土肥による藩閥政治
- 身分制度の廃止＝四民平等→「解放令」(1871年)
- 富国強兵：経済を発展させ国力をつけ，軍隊を強化→列強に対抗
- 学制：1872年公布，6歳以上のすべての男女に初等教育(小学校)
- 徴兵令：1873年，満20歳以上の男子に兵役の義務
- 地租改正：1873年実施，土地の所有者と価格(地価)を決定し地券を発行，税率は地価の3%(1877年，2.5%に)，土地の所有者が現金で納入

2 文明開化と近代的な国際関係

- 文明開化：太陽暦の採用，ランプ・ガス灯，洋服・コート，牛肉など
- 福沢諭吉(「学問のすゝめ」)，中江兆民(ルソーの思想を紹介)
- 岩倉使節団：1871〜72年，不平等条約改正のため，欧米諸国を訪問
- 殖産興業：近代的な産業を育て「富国」の実現をめざす
- 鉄道や郵便制度の整備，官営模範工場の設立→富岡製糸場など
- 蝦夷地を北海道と改称→開拓使を置き，屯田兵による開拓事業の展開
- 琉球処分：琉球藩設置→琉球藩を廃止し，沖縄県を設置(1879年)
- 日清修好条規：1871年，清と対等な立場で結ぶ
- 朝鮮：清に朝貢し，鎖国→日本の開国要求を拒否→征韓論へと発展
  - 江華島事件(1875年)→日朝修好条規(1876年)：不平等条約
- 樺太・千島交換条約：1875年，樺太をロシア領，千島列島を日本領とする

3 自由民権運動の展開

- 1874年，板垣退助らが民撰議院設立の建白書を提出→自由民権運動
- 西南戦争(1877年)：最大の士族の反乱→徴兵制による政府軍が鎮圧
- 国会期成同盟(1880年)→国会開設の勅諭(1881年)→政党結成の動き

21 大日本帝国憲法の発布〜近代産業の成立

実力チェック

1 大日本帝国憲法の発布

- □①大日本帝国憲法が手本としたのは、君主権が強いどこの国の憲法か。 — ドイツ(プロイセン)
- □②初代内閣総理大臣に就任したのはだれか。 — 伊藤博文
- □③帝国議会を構成していたのは衆議院と何か。 — 貴族院

2 条約改正と日清・日露戦争

- □④領事裁判権の撤廃に成功した外務大臣はだれか。 — 陸奥宗光
- □⑤ロシアなどが、日本に下関条約で得た清の領土を返還するように勧告したことを何というか。 — 三国干渉
- □⑥1902年、ロシアの勢力拡大に対抗することで一致し、日本がある国と結んだ同盟は何か。 — 日英同盟
- □⑦日露戦争の講和条約を何というか。 — ポーツマス条約
- □⑧1910年に日本が韓国を主権下に置いたことを何というか。 — 韓国併合
- □⑨1911年に起きた、中国の革命は何か。 — 辛亥革命

3 明治時代の産業・社会と文化

- □⑩日清戦争の賠償金を使い、九州に建設された官営の製鉄所は何か。 — 八幡製鉄所
- □⑪金融や貿易など多角経営を進め、日本の経済を支配する力を持った企業集団を何というか。 — 財閥
- □⑫日本美術の伝統の価値を再発見したアメリカ人はだれか。 — フェノロサ
- □⑬日本に印象派の画風を紹介した人物はだれか。 — 黒田清輝
- □⑭「たけくらべ」を書いた小説家はだれか。 — 樋口一葉
- □⑮黄熱病を研究した細菌学者はだれか。 — 野口英世

要点チェック

1 大日本帝国憲法の発布

- 伊藤博文を憲法制定準備のため，欧州に派遣→ドイツなどの憲法を学ぶ
- 内閣制度(1885年)→初代内閣総理大臣に伊藤博文が就任
- 大日本帝国憲法(欽定憲法)：1889年発布→天皇が国家元首で主権者，天皇にさまざまな権能(議会の召集・解散，宣戦布告，軍隊の指揮など)
- 帝国議会：衆議院(選挙で選ばれた議員で構成)と貴族院の二院制
  - 選挙権：直接国税15円以上をおさめる満25歳以上の男子に限定

2 条約改正と日清・日露戦争

- 帝国主義：欧米列強の軍事力によるアジア，アフリカの国々の植民地化
- 領事裁判権の撤廃：陸奥宗光：1894年，日英通商航海条約を結ぶ
- 日清戦争(1894～95年)：甲午農民戦争が発端→日本が勝利
  - 下関条約(1895年)：朝鮮の独立，遼東半島や台湾などの割譲，賠償金(2億両)　・三国干渉：ロシア，ドイツ，フランスが，遼東半島の返還を勧告
- 義和団事件(1899年)：清で義和団が蜂起→日本などの連合軍が鎮圧
- 日英同盟(1902年)：ロシアの勢力拡大に対抗し，イギリスと締結
- 日露戦争：1904年開戦→日本有利に展開→アメリカが和平を仲介
  - ポーツマス条約(1905年)：韓国における日本の優越権を認める，旅順，大連の租借権，長春以南の鉄道の利権の譲渡，北緯50°以南の樺太割譲
- 韓国併合(1910年)→朝鮮総督府を設置し植民地支配→1945年まで続く
- 辛亥革命：1911年，軍隊の反乱→中華民国の成立(1912年)

3 明治時代の産業・社会と文化

- 日清戦争後，官営の八幡製鉄所建設など重化学工業がおこる
- 財閥の形成　・足尾銅山鉱毒事件：田中正造による公害の追求
- 日本美術…フェノロサ，岡倉天心や横山大観(日本画)，高村光雲(彫刻)
- 西洋美術…黒田清輝(印象派を紹介)　・音楽：滝廉太郎(「荒城の月」など)
- 文学…与謝野晶子や樋口一葉(「たけくらべ」)，夏目漱石(「坊っちゃん」)など
- 科学…北里柴三郎・野口英世(細菌学)

22 第一次世界大戦～大正デモクラシー

実力チェック

1 第一次世界大戦と世界の動き

- ①日本が第一次世界大戦への参戦の理由とした同盟関係は何か。 → 日英同盟
- ②レーニンが指導し，社会主義を唱える世界で最初の政府を成立させた革命は何か。 → ロシア革命
- ③第一次世界大戦の講和条約は何か。 → ベルサイユ条約
- ④国民主権，男女の普通選挙権，労働者の団結権を定めた，1919年にドイツで制定された憲法とは何か。 → ワイマール憲法
- ⑤1920年に，世界平和と国際協調を目的に発足した国際機関は何か。 → 国際連盟
- ⑥1919年，中国で起こった，反帝国主義，反日運動を何というか。 → 五・四運動
- ⑦1919年に始まった朝鮮の独立運動を何というか。 → 三・一独立運動

2 大正デモクラシーと社会の動き

- ⑧民本主義を主張した人物はだれか。 → 吉野作造
- ⑨シベリア出兵のときに起きた米の買いしめが原因で始まった騒乱を何というか。 → 米騒動
- ⑩青鞜社を結成し，新婦人協会を設立するなど，女性解放運動をくりひろげたのはだれか。 → 平塚らいてう(ちょう)
- ⑪部落解放運動を進めるために，1922年に結成された組織は何か。 → 全国水平社
- ⑫普通選挙法と同時に制定された，共産主義などに対する取りしまりを目的とした法律は何か。 → 治安維持法
- ⑬「善の研究」をあらわした哲学者はだれか。 → 西田幾多郎
- ⑭「羅生門」などで知られる小説家はだれか。 → 芥川龍之介

要点チェック

1 第一次世界大戦と世界の動き

- 三国同盟(1882年)：ドイツ，オーストリア，イタリア
- 三国協商(1907年)：イギリス，フランス，ロシア
- バルカン半島：列強の利害，民族・宗教対立→「ヨーロッパの火薬庫」
- 1914年，オーストリア皇太子夫妻がセルビア人により暗殺→オーストリアがセルビアに宣戦布告→第一次世界大戦(1914～18年)
- ロシア革命：1917年に起きた社会主義革命→列強がシベリアに出兵
  - 1922年，ソビエト社会主義共和国連邦(ソ連)成立…共産主義政権
- ベルサイユ条約：ドイツ降伏(1918年)→パリ講和会議(1919年)
  - ドイツは共和制国家として再出発→ワイマール憲法の制定(1919年)
- 国際連盟：1920年，アメリカのウィルソン大統領の提案，本部はジュネーブ
  - 民族自決の原則：ヨーロッパのみに適用，アジアの民族運動に影響
- ワシントン会議(1921～22年)：海軍軍縮，中国の領土保全などの確認
- 日本の二十一か条の要求(1915年)：中国山東省のドイツ権益の継承，旅順・大連の租借期間延長など満州の権益拡大→五・四運動(1919年)
- 朝鮮の三・一独立運動(1919年)　・インドのガンディー：非暴力・不服従

2 大正デモクラシーと社会の動き

- 大正デモクラシー：桂太郎内閣が議会を無視→第一次護憲運動→内閣退陣
- 吉野作造の民本主義や美濃部達吉の天皇機関説
- シベリア出兵→米騒動(1918年)　・原敬内閣：本格的な政党内閣
- 平塚らいてう→青鞜社を結成，新婦人協会を設立(1920年)
- 全国水平社(1922年)や北海道アイヌ協会の結成
- 普通選挙法(1925年公布)：満25歳以上の男子に選挙権
- 治安維持法：普通選挙法と同時に制定，共産主義の取りしまり強化
- 大衆文化：活字文化に加え，トーキーやラジオ放送などが登場
- 哲学…西田幾多郎「善の研究」　・美術…安井曾太郎，梅原龍三郎
- 文学…志賀直哉(白樺派)，谷崎潤一郎，芥川龍之介，小林多喜二

23 世界恐慌～第二次世界大戦

実力チェック

1 世界恐慌と日本の中国侵略

- ①1929年10月、アメリカの経済の混乱が世界に波及したことを何というか。 — 世界恐慌
- ②ドイツでナチスを率いて政権を獲得したのはだれか。 — ヒトラー
- ③関東軍が仕組んで満鉄の線路を爆破した柳条湖事件をきっかけに起きた戦争は何か。 — 満州事変
- ④1932年5月、海軍将校が首相官邸をおそい、犬養毅首相を暗殺した事件を何というか。 — 五・一五事件
- ⑤1936年2月、陸軍の青年将校が首相官邸などを襲撃した事件を何というか。 — 二・二六事件
- ⑥1937年7月、北京郊外で起きた盧溝橋事件をきっかけに始まった戦争は何か。 — 日中戦争
- ⑦1938年、産業や国民の生活のすべてを戦争に動員できる権限を政府にあたえた法律とは何か。 — 国家総動員法

2 第二次世界大戦

- ⑧1940年、ドイツ、イタリア、日本が結束を強化するために結んだ同盟は何か。 — 日独伊三国同盟
- ⑨1941年12月8日、日本海軍のハワイの真珠湾奇襲攻撃などによって始まった戦争は何か。 — 太平洋戦争
- ⑩激しい地上戦に巻きこまれるなどして、当時の人口の約4分の1が犠牲となった県はどこか。 — 沖縄県
- ⑪1945年7月に発表された、日本に無条件降伏を求める宣言は何か。 — ポツダム宣言
- ⑫1945年8月8日、日本との中立条約を破り参戦した国はどこか。 — ソ連

要点チェック

1 世界恐慌と日本の中国侵略

- 世界恐慌：1929年，ニューヨーク株式市場の株価暴落→世界経済の混乱
- ブロック経済：植民地など本国と関係の深い地域を囲いこみ，その中で自給自足的に経済を成り立たせること→イギリスやフランスが実施
- ニューディール：アメリカのルーズベルト大統領の恐慌対策
- ソ連：「五か年計画」を推進→世界恐慌の影響なし→工業国に発展
- ファシズム：民主主義や自由主義を否定する全体主義の体制
  - ムッソリーニのファシスト党政権やヒトラーのナチス政権
- 昭和恐慌：金融恐慌(1927年)に続き，世界恐慌の影響で起こる
- 日本の中国侵略
  - 満州事変(1931年)：柳条湖事件→満州事変→満州国建国(1932年)
  - 五・一五事件(1932年)：海軍将校による犬養毅首相の暗殺
  - リットン調査団→連盟総会で満州国不承認→国際連盟脱退(1933年)
  - 二・二六事件(1936年)：陸軍将校が首相官邸などを襲撃
  - 盧溝橋事件(1937年)→日中戦争→抗日民族統一戦線の結成→全面戦争
  - 国家総動員法の公布(1938年)と大政翼賛会の結成(1940年)

2 第二次世界大戦

- ドイツがポーランドへ侵攻(1939年)→イギリス・フランスが宣戦布告
- 日独伊三国同盟：1940年，ドイツ，イタリア，日本が結束を強化
- 大西洋憲章：1941年8月，英米の首脳が会談→戦後の平和構想を示す
- 「大東亜共栄圏」：アジアの諸民族だけで繁栄しようというスローガン
- 日本の侵略的行動→日米関係の悪化→太平洋戦争(1941年12月8日開戦)
- 兵員不足→学徒出陣，労働力不足→勤労動員，空襲の激化→集団疎開
- 配給制の実施　・朝鮮人・中国人の強制連行・強制労働
- イタリア(1943年9月)，ドイツ(1945年5月)が降伏
- 都市への無差別爆撃(東京大空襲，1945年3月)　・沖縄戦(1945年3～6月)
- ポツダム宣言→原子爆弾の投下→ソ連の参戦→日本の無条件降伏(1945年8月)

24 現代の日本と世界

実力チェック

1 占領下の日本とその民主化
- ①連合国軍最高司令官総司令部の最高司令官はだれか。 → マッカーサー
- ②戦争犯罪人（戦犯）と見なした軍や政府の指導者を裁いた裁判とは何か。 → 極東国際軍事裁判（東京裁判）
- ③労働者の団結権を保障した法律は何か。 → 労働組合法
- ④小作地を小作人に安く売りわたすことによって自作農を生み出した改革は何か。 → 農地改革

2 冷戦の開始と日本の独立回復
- ⑤1945年10月に発足した世界平和と国際協調をめざす国際機関は何か。 → 国際連合（国連）
- ⑥朝鮮戦争の軍需物資を日本で調達したことで生まれた日本経済の好景気を何というか。 → 特需景気
- ⑦警察予備隊が発展し，1954年に発足したのは何か。 → 自衛隊
- ⑧1951年に結ばれた，日本の独立を回復した講和条約は何か。 → サンフランシスコ平和条約

3 新たな時代の世界と日本
- ⑨1956年，日本とソ連が国交を回復した宣言は何か。 → 日ソ共同宣言
- ⑩日本と中国の平和条約を何というか。 → 日中平和友好条約
- ⑪核兵器を「持たず，つくらず，持ちこませず」という原則を何というか。 → 非核三原則
- ⑫日本経済は1955年から1973年までの間，年平均10％程度の高成長を続けた。これを何というか。 → 高度経済成長
- ⑬第四次中東戦争をきっかけに石油価格がおおはばに上昇したできごとを何というか。 → 石油危機（オイル・ショック）

要点チェック

1 占領下の日本とその民主化

- アメリカ軍を主力とする**連合国軍**が日本を占領
  - →連合国軍最高司令官総司令部(**GHQ**, 最高司令官マッカーサー)
- 非軍事化：軍隊の解散，戦争犯罪人(戦犯)の処罰→**極東国際軍事裁判**(東京裁判)，戦争中に重要な地位にあった人々の公職追放
- 昭和天皇の「**人間宣言**」：1946年，天皇は神であることを否定
- 政治の民主化：治安維持法の廃止，選挙権の拡大(**満20歳以上の男女**)
- 経済の民主化：**財閥**を解体，**労働組合法・労働基準法**制定，**農地改革**
- **日本国憲法**の制定：**1946年11月3日**公布，**1947年5月3日**施行

2 冷戦の開始と日本の独立回復

- **国際連合**(国連)：1945年10月発足→世界平和と国際協調をめざす
- **冷たい戦争**(冷戦)：資本主義諸国と共産主義諸国との厳しい対立
- 中華人民共和国：1949年に成立，主席は毛沢東→国民党は台湾へ
- **朝鮮戦争**：1950～53年，軍需物資を日本で調達→**特需景気**
- **警察予備隊**の創設(1950年)→保安隊(1952年)→**自衛隊**(1954年)
- **サンフランシスコ平和条約**と**日米安全保障条約**を結ぶ(1951年)

3 新たな時代の世界と日本

- **アジア・アフリカ会議**(バンドン)：1955年，平和共存をうったえる
- **日ソ共同宣言**：1956年，ソ連と国交回復→ソ連の支持を受け**国連**加盟
- 日中国交正常化：**日中共同声明**(1972年)→**日中平和友好条約**(1978年)
- **沖縄復帰**：1972年，アメリカ軍基地は縮小なし→今日に続く問題
- **非核三原則**：核兵器を「持たず，つくらず，持ちこませず」は国の方針
- **高度経済成長**：1955年～73年までの間，年平均で10％程度の経済成長
- **公害問題**：**水俣病**など→**公害対策基本法**(1967年)，**環境庁**(1971年)設置
- 第四次中東戦争(1973年)→**石油危機**(オイル・ショック)
- 冷戦の終結：**ベルリンの壁**崩壊(1989年)，**ソ連の解体**(1991年)
- 地域紛争への**平和維持活動**(**PKO**)，**非政府組織**(**NGO**)の活動

公民的分野

25 人権の保障と日本国憲法

実力チェック

1 人権の歴史

- ①「法の精神」で三権分立を唱えた思想家はだれか。 … モンテスキュー
- ②「社会契約論」で人民主権を唱えた思想家はだれか。 … ルソー
- ③「われわれは以下のことを自明の真理であると信じる。つまり人間はみな平等につくられていること、……」とうたわれた宣言は何か。 … アメリカ独立宣言
- ④1919年にドイツで制定された「人間に値する生存」を保障した憲法は何か。 … ワイマール憲法
- ⑤大日本帝国憲法で定められた主権者はだれか。 … 天皇

2 日本国憲法とその三つの基本原理

- ⑥国の政治の決定権は国民が持ち、政治は国民の意思にもとづいて行われるという原理は何か。 … 国民主権
- ⑦日本国憲法の三つの基本原理は、国民主権、平和主義と何か。 … 基本的人権の尊重
- ⑧戦争を放棄し、戦力は保持せず、交戦権を認めないことを定めているのは、日本国憲法第何条か。 … 第9条

3 基本的人権の尊重とこれからの人権保障

- ⑨男女間の採用・昇給・昇進の差別の禁止など、職場における男女差別をなくすための法律は何か。 … 男女雇用機会均等法
- ⑩憲法25条で保障された、「健康で文化的な最低限度の生活を営む権利」を何というか。 … 生存権
- ⑪国民の三つの義務とは、普通教育を受けさせる義務、勤労の義務と何か。 … 納税の義務
- ⑫1948年に国際連合(国連)総会で採択され、人類普遍の価値としての人権を認めた宣言は何か。 … 世界人権宣言

52

要点チェック

1 人権の歴史

- 基本的人権…人が個人として尊重され，自由に生き，安らかな生活を送ることができる権利
- 人権思想家：ロックは「統治二論」で抵抗権を，モンテスキューは「法の精神」で三権分立を，ルソーは「社会契約論」で人民主権を唱えた
- 人権の保障…近代革命後のアメリカ独立宣言やフランス人権宣言
- ドイツのワイマール憲法…生存権などの社会権を保障
- 1889年に大日本帝国憲法で最初の人権保障…主権者は天皇，人権は天皇が恩恵によってあたえた「臣民ノ権利」であり，法律で制限される

2 日本国憲法とその三つの基本原理

- 日本国憲法…1946年11月3日に公布，1947年5月3日に施行
  - 三つの基本原理：国民主権，平和主義，基本的人権の尊重
- 日本国憲法での天皇の地位：日本国と日本国民統合の象徴
- 天皇の国事行為…政治に決定権を持たない，内閣の助言と承認が必要
- 平和主義…戦争を放棄し，世界の恒久平和のために努力
- 憲法第9条：戦争の放棄，戦力を持たない，交戦権を認めない
- 非核三原則：核兵器を「持たず，つくらず，持ちこませず」

3 基本的人権の尊重とこれからの人権保障

- 平等権：すべての人間は平等で，平等なあつかいを受ける権利を持つ
  - 1985年男女雇用機会均等法，1999年男女共同参画社会基本法の制定
- 日本国憲法の三つの自由権：精神の自由，身体の自由，経済活動の自由
- 社会権：人が人間らしく生きるために生活の基礎を保障する権利
  - 生存権：健康で文化的な最低限度の生活を営む権利（憲法第25条①）
- 三つの義務：普通教育を受けさせる義務，勤労の義務，納税の義務
- 新しい人権：環境権，知る権利，プライバシーの権利，自己決定権
- 国際連合が国際的な人権保障の中心：1948年に世界人権宣言…世界各国の人権保障の模範→1966年に国際人権規約…世界人権宣言の条約化

26 政治と国会のしくみ

実力チェック

1 民主主義と政治，政党

- □①国民や住民が代表者を選び，その代表者を通して政治を行うしくみを何というか。 → 間接民主制(議会制民主主義)
- □②政治で実現したい理念や達成しようとする方針(政策)について，同じ考えを持つ人々によって組織される政治団体を何というか。 → 政党
- □③内閣を組織して政権をになう政党を何というか。 → 与党

2 選挙のしくみと国民の政治参加

- □④財産などによる制限がなく，すべての成人男女に選挙権が認められている選挙制度を何というか。 → 普通選挙
- □⑤一つの選挙区で一人の代表を選ぶ選挙制度は何か。 → 小選挙区制
- □⑥社会的に重要な問題に関して，多くの人々によって共有されている意見を何というか。 → 世論

3 国会のしくみと働き

- □⑦国民が直接選んだ代表者によって構成される国権の最高機関であり，唯一の立法機関は何か。 → 国会
- □⑧予算の議決，条約の承認，内閣総理大臣の指名などで，両議院の議決が異なった場合の衆議院の権限を何というか。 → 衆議院の優越
- □⑨衆議院解散後の総選挙の日から30日以内に召集される国会を何というか。 → 特別会(特別国会)
- □⑩国会によって指名される内閣の長で，首相とも呼ばれるのはだれか。 → 内閣総理大臣
- □⑪国会で裁判官の資格を問い，辞めさせるかどうかを判断するための裁判は何か。 → 弾劾裁判

要点チェック

1 民主主義と政治，政党
- 国民主権が，民主主義の政治を行うために必要
- 直接民主制(国民や住民が直接話し合いに参加するやり方)と間接民主制=議会制民主主義(選ばれた代表者が議会で話し合って決めるやり方)
- 政党：理念や方針(政策)について同じ考えを持つ人たちがつくる団体
- 首相がいる国では，議会の選挙で最も多くの議席を獲得した政党か政党グループのリーダーが首相となり，内閣を組織→連立政権もあり
  - 与党(内閣を組織し政権をになう政党)と野党(与党以外の政党)

2 選挙のしくみと国民の政治参加
- 普通選挙：満18歳以上のすべての国民に選挙権が保障されている
- 選挙の4原則：普通選挙，平等選挙，直接選挙，秘密選挙
- 選挙制度の種類
  - 小選挙区制：一つの選挙区で一人の代表を選ぶ／大選挙区制：二人以上の代表を選ぶ／比例代表制：得票数に応じて各政党へ議席を配分
- 衆議院議員選挙：小選挙区比例代表並立制(小選挙区制＋比例代表制)
- 世論：ある重要な問題に関して，多くの人々により共有されている意見

3 国会のしくみと働き
- 国の政治の運営：法律をつくる国会，法律で定められたことを実行する内閣，法にもとづいて紛争を解決する裁判所
- 国会：国権の最高機関，唯一の立法機関，二院制(両院制)
- 衆議院の優越：予算の先議，予算の議決，条約の承認，内閣総理大臣の指名，法律案の議決，内閣不信任の決議→衆議院の意思を優先
- 国会の種類：常会(通常国会)…毎年1回，1月に召集，会期は150日，臨時会(臨時国会)，特別会(特別国会)…衆議院解散後の総選挙の日から30日以内に召集される，参議院の緊急集会
- 国会の働き：法律の制定(立法)，予算の審議・議決，内閣総理大臣の指名，国政調査権を持ち，弾劾裁判を開く

27 内閣と行政, 裁判所のしくみ

実力チェック

1 内閣と行政, 裁判所のしくみ

- ①行政の各部門の仕事を指揮監督し, 法律で定められたことを実行する機関はどこか。 → 内閣
- ②内閣は国会の信任にもとづいて成立し, 国会に対して連帯して責任を負うしくみを何というか。 → 議院内閣制
- ③内閣が行う行政が信頼できないとき, 衆議院によって行われる内閣を信任しないという意思表示のことを何というか。 → 内閣不信任の決議
- ④司法権を担当する国家の最高機関は何か。 → 最高裁判所
- ⑤同一の事件について, 3回まで裁判を受けられる制度を何というか。 → 三審制
- ⑥私人間の争いについての裁判を何というか。 → 民事裁判
- ⑦民事裁判では, 裁判所に訴えた人を原告, 訴えられた人は何と呼ぶか。 → 被告
- ⑧犯罪行為について, 有罪か無罪かを決定する裁判を何というか。 → 刑事裁判
- ⑨国民が刑事裁判の第一審だけに参加し, 裁判官とともに被告人の有罪・無罪や刑の内容を決定する制度は何か。 → 裁判員制度

2 三権の抑制と均衡

- ⑩国家の権力が立法, 行政, 司法の三権に分けられ, それぞれ独立していることを何というか。 → 三権分立(制)
- ⑪裁判所が, 法律や国の行為が憲法に違反していないかどうかを, 具体的事件をとおして審査する制度を何というか。 → 違憲審査制

要点チェック

1 内閣と行政，裁判所のしくみ

- 行政：国会で決めた法律や予算にもとづいて，国の政治を行うこと
- 内閣の仕事：行政の各部門の仕事を指揮監督，法律で定められたことを実行，法律案や予算を作成し国会に提出，条約を結ぶ
- 内閣の組織：内閣総理大臣(首相)とその他の国務大臣で構成
- 議院内閣制：内閣は国権の最高機関である国会の信任にもとづき成立，国会に対して連帯して責任を負う
- 内閣不信任の決議：衆議院によって行われる決議→可決されれば，内閣は10日以内に衆議院を解散するか，総辞職しなければならない
- 行政改革：規制緩和など簡素で効率的な行政をめざす改革
- 司法：法にもとづいて紛争を解決すること→最高裁判所と下級裁判所（高等裁判所，地方裁判所，家庭裁判所，簡易裁判所）
- 三審制…裁判を慎重に行い人権を守るしくみ，3回まで裁判が受けられる
  - 控訴：第二審の裁判所へ　・上告：さらに上級の裁判所へ
- 民事裁判：私人間の争いについての裁判，国などとの裁判は行政裁判
  - 訴えた人が原告，訴えられた人が被告
- 刑事裁判：犯罪行為について，有罪か無罪かを決定する裁判
- 裁判員制度：国民が裁判員として刑事裁判に参加し，被告人の有罪・無罪や刑を決める制度

2 三権の抑制と均衡

- 三権分立：国の権力が一つに集中しないよう，三権がたがいに抑制し合う
- 違憲審査制：法律や命令，処分が憲法に違反していないかを裁判所が審査
- 最高裁判所は「憲法の番人」

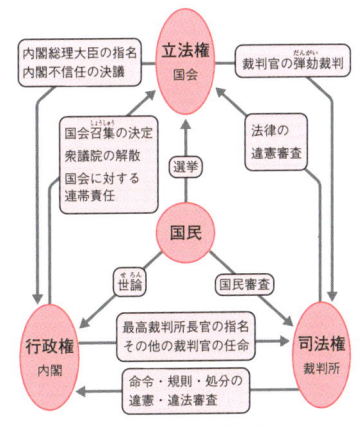

↑三権の抑制と均衡の関係

28 地方自治のしくみと役割

実力チェック

1 わたしたちと地方自治

□①住民の意思にもとづいて、それぞれの地方の運営を行うことを何というか。 — 住民自治

□②住民が自分たちの地域を自分たちで治めるということから、地方自治は何の学校と呼ばれるか。 — 民主主義の学校

□③国の行政・財源の権限を大幅に地方公共団体に移すという考え方を何というか。 — 地方分権

□④地方議会が制定する、その地方公共団体だけに適用される法は何か。 — 条例

□⑤市(区)町村長の被選挙権は満25歳以上であるが、都道府県知事の被選挙権は満何歳以上か。 — 満30歳以上

□⑥地方自治において、直接選挙のほかに住民に認められている直接民主制の要素を取り入れた権利は何か。 — 直接請求権

2 地方財政と住民参加の拡大

□⑦住民から徴収し、地方公共団体の独自の財源となる税をまとめて何というか。 — 地方税

□⑧地方公共団体間の財政格差を是正するために国から配分されるお金を何というか。 — 地方交付税交付金

□⑨地域の重要な問題に関して、その賛否を直接住民に問うために実施される投票を何というか。 — 住民投票

□⑩地方公共団体の機関から独立性の高い人や組織が、住民の苦情を受けつけ、調査結果を発表したり、必要に応じて地方公共団体に対して改善を求めたりする制度を何というか。 — オンブズパーソン制度

要点チェック

1 わたしたちと地方自治

- **住民自治**：住民の意思にもとづいてそれぞれの地方の運営を行うこと
- **地方公共団体（地方自治体）**：市（区）町村や都道府県など
- **地方自治**の原則：地域は住民自身によって運営され，国から自立した地方公共団体をつくるべきという原則→「**民主主義の学校**」
- **地方分権**：国の仕事や財源を国から地方に移すこと→**地方分権一括法**
- **地方議会**：地方公共団体の議会→都道府県議会，市（区）町村議会
- 地方議会の議員は住民の**直接選挙**で選出→**条例**の制定，予算の決定
- 地方公共団体の長（**首長**）：都道府県知事と市（区）町村長も直接選挙
- 首長：議会に対する**拒否権**・議会の解散権，議会：首長の**不信任決議権**
- **直接請求権**：直接民主制の要素を取り入れた住民の権利
  - **リコール**：議会の解散や首長・議員の解職の請求

2 地方財政と住民参加の拡大

- 地方財政をささえる財源
  - **地方税**など：独自の財源→地方債の発行
  - **地方交付税交付金**など：地方公共団体間の財政格差をならすために国から配分
  - **国庫支出金**：特定費用の一部について国から支払われるお金
- **住民投票**の活発化…住民全体の意見を明らかにする動き
- **情報公開制度**の整備…地方公共団体の仕事を住民が監視するため
- **オンブズパーソン制度**：行政機関からの独立性の高い人や組織…住民からの苦情→調査結果の発表，地方公共団体への改善を求める

	必要な署名	請求先
条例の制定または改廃の請求	（有権者の）$\frac{1}{50}$以上	首長
監査請求	$\frac{1}{50}$以上	監査委員
議会の解散請求	$\frac{1}{3}$以上	選挙管理委員会
（取りあつかい）住民投票に付し，その結果，過半数の同意があれば解散する。		
解職請求 議員・首長	$\frac{1}{3}$以上	**選挙管理委員会**
副知事・副市（区）町村長，各委員など		**首長**
（取りあつかい）議会の議員・首長については，住民投票を行い，その結果，過半数の同意があれば解職される。		

↑住民の直接請求権

29 消費と生産

実力チェック

1 くらしと経済

□①収入と支出の活動をとおして家庭を維持していくことを何というか。 … 家計

□②家庭での支出のうち、食料品や衣類など毎日の生活に必要なものへの支出を何というか。 … 消費支出

□③銀行預金や生命保険料の支払いなど、将来の支出に備えるためのものを何というか。 … 貯蓄

□④製品の欠陥によって消費者が被害を受けた際の企業の責任について定めた法律は何か。 … 製造物責任法（PL法）

□⑤消費者の権利や自立の支援などの基本理念を定めた法律は何か。 … 消費者基本法

□⑥訪問販売や電話勧誘などで商品を購入した場合、8日以内であれば、売買が成立したあとでも買い手から無条件で契約を取り消すことができる制度は何か。 … クーリング・オフ制度

2 生産と労働

□⑦企業が資本をもとに、利潤を目的に生産活動を行うという経済のあり方を何というか。 … 資本主義経済

□⑧株式の発行によって得られた資金をもとに設立される企業で、最も代表的な法人企業は何か。 … 株式会社

□⑨日本の全企業数の約99％、全従業員数の70％以上をしめる中規模以下の企業の総称を何というか。 … 中小企業

□⑩労働者と使用者は対等であること、1日8時間以内という労働時間や、賃金などの労働条件について最低基準を定めた法律は何か。 … 労働基準法

要点チェック

1 くらしと経済

- **家計**：収入と支出の活動をとおして家庭を維持
- **消費支出**：食料品や衣類，娯楽，教育や医療などへの支出
- **貯蓄**：銀行預金や生命保険料の支払いなど
  - 収入(**所得**)から消費支出と，税金や社会保険料などを差し引いた残額
- **消費者主権**：消費者が自分の意思と判断によって商品を購入すること
- **製造物責任法(PL法)**：欠陥商品の被害に対する企業の責任を定める
- その他の行政の対応…消費者契約法，**消費者基本法**，**消費者庁**の設置
- **クーリング・オフ制度**：訪問販売や電話勧誘などで商品を購入した場合，**8日以内**であれば，無条件で契約を取り消すことができる

2 生産と労働

- **資本主義経済**：企業が**資本**をもとに，**利潤**を得ることを目的として生産活動を行う経済
- **公企業**：利潤を目的としない企業…水道・交通の地方公営企業など
- **私企業**：利潤を目的とする民間企業…**個人企業**(農家や個人商店など)と**法人企業**(**株式会社**など)

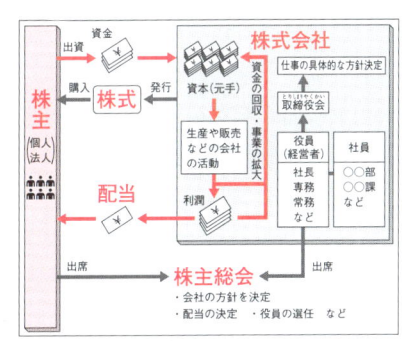

◯株式会社のしくみ

- **株式会社**：**株式**により得られた資金をもとに設立された企業
- **証券取引所**：株式の売買をするところ
- 企業の種類：**大企業**と**中小企業**に分類→日本の企業数の約99％が中小企業
- 労働者の権利である労働三法：**労働基準法**(週40時間，1日8時間以内という労働時間や労働条件の最低基準を定めたもの)，**労働組合法**，**労働関係調整法**
- かつての日本は**終身雇用**・**年功賃金**→近年は**能力主義**や**成果主義**を導入

30 市場経済のしくみと国の財政

実力チェック

1 市場経済のしくみと金融

- □①消費者が価格を見て、買おうとする量とは何か。 　　需要量
- □②需要量が供給量をうわ回ると、商品の価格は上昇するか、それとも下落するか。 　　上昇する
- □③市場の均衡状態を成立させる価格、すなわち需要量と供給量を一致させる価格のことを何というか。 　　均衡価格
- □④私企業による独占の制限・禁止や、自由な競争をうながすために制定された法律は何か。 　　独占禁止法
- □⑤人々の貯蓄を預金として集め、それを家計や企業に貸し出す仕事をする代表的な金融機関は何か。 　　銀行
- □⑥資金を借りた人が貸した人に、一定の割合で元金に加えて支払うお金を何というか。 　　利子
- □⑦特別な働きをする国の金融の中心となる銀行を何というか。 　　中央銀行
- □⑧銀行の資金量を変化させ、銀行の貸し出し量を操作することにより、景気や物価に影響をあたえようとする中央銀行の政策を何というか。 　　金融政策

2 国の財政と政府の役割

- □⑨納税者と担税者が一致する税金を何というか。 　　直接税
- □⑩間接税の中の国税のうちで、収入の割合が最も多い税は何か。 　　消費税
- □⑪所得が多くなればなるほど税率が高くなる課税方法は何か。 　　累進課税
- □⑫政府による減税・増税や、公共事業への支出増加や削減による景気の波を調節する政策は何か。 　　財政政策

要点チェック

1 市場経済のしくみと金融

- 市場経済：さまざまな市場（商品が売り買いされる場）が社会のすみずみまで張りめぐらされている経済
- 需要量（消費者が価格を見て，買おうとする量）と供給量（生産者が価格を見て，売ろうとする量）を一致させる価格が均衡価格
- 価格の働き：商品価格の上下で，労働力や資金などの生産資源の流れを調節
- 寡占産業：少数の大企業が生産や販売市場を支配→独占価格
- 公正取引委員会：競争をうながすための独占禁止法の運用にあたる
- 金融：資金の貸し借りのこと
- 銀行：人々の貯蓄を預金として集め，家計や企業に貸し出す
- 資金の借り手が貸し手の銀行へ支払う額：借り入れ額（元金）＋利子
  - 利子率：元金に対する利子の比率
- 中央銀行：特別な働きをする国の金融の中心となる銀行→日本銀行
- 金融政策：日本銀行が，銀行の資金量を変化させ，銀行の貸し出し量を操作する→景気や物価に影響をあたえる

景気が悪いとき	景気がよいとき
日本銀行	
国債を買う	国債を売る
公開市場（国債や手形の売買）	
銀行	
資金量が増える	資金量が減る
貸し出しが増える	貸し出しが減る

⬆日本銀行の金融政策（公開市場操作）
銀行などの金融機関と国債などを売買することで，資金量を調節する。

2 国の財政と政府の役割

- 財政：政府（国・地方公共団体）が収入を得て，それを支出する経済活動
- 税金（租税）：政府のおもな収入→国税と地方税に分けられる
- 直接税：納税者と担税者が一致する税金→所得税，法人税，相続税など
- 間接税：納税者と担税者が一致しない税金→消費税，酒税，関税など
- 累進課税：所得税のように所得が多くなるほど税率が高くなる課税方法
- 公債（国は国債，地方公共団体は地方債）…政府が税収の不足を補う
- 景気変動：不景気と好景気が交互にくり返す→財政政策で調節

31 福祉と国際社会のさまざまな課題

実力チェック

1 社会保障や環境保全のしくみと日本経済

□①40歳以上の人が加入し，介護が必要となったときに介護サービスが受けられる制度は何か。 — 介護保険制度

□②公害対策基本法をさらに発展させた，さまざまな環境問題に包括的に取り組むための法律は何か。 — 環境基本法

□③異なる国と国の通貨と通貨の交換比率を何というか。 — 為替相場(為替レート)

□④自由貿易を促進し貿易の拡大を図る目的でGATTを改組してつくられた，自由貿易体制づくりの強化に大きな役割を果たしている組織は何か。 — WTO(世界貿易機関)

2 国際社会における国家とさまざまな課題

□⑤世界の平和の維持を最大の目的として，1945年に設立された国際機関は何か。 — 国際連合(国連)

□⑥5常任理事国と10か国の非常任理事国で構成されている国連の主要機関の一つは何か。 — 安全保障理事会(安保理)

□⑦世界の人々の健康の維持と増進に奉仕する活動を行っている国連の専門機関は何か。 — 世界保健機関(WHO)

□⑧核保有国以外の国々が，新たに核兵器を持つことを禁止した条約は何か。 — 核拡散防止条約

□⑨先進工業国の政府が行う発展途上国に対する格差解消などのための援助を何というか。 — 政府開発援助(ODA)

□⑩南の発展途上国と北の先進工業国との経済格差，およびそこから発生するさまざまな問題を何というか。 — 南北問題

□⑪地球温暖化の原因となっている二酸化炭素(CO_2)などのガスの総称を何というか。 — 温室効果ガス

要点チェック

❶ 社会保障や環境保全のしくみと日本経済

- 日本の社会保障：日本国憲法第25条1項で「すべて国民は，健康で文化的な最低限度の生活を営む権利を有する」と生存権を定めている
- 日本の社会保障制度：社会保険，公的扶助，社会福祉，公衆衛生
- 少子高齢化で医療費と年金給付額が増加→介護保険制度の導入
- 公害：四大公害病(熊本と新潟の水俣病，富山のイタイイタイ病，三重の四日市ぜんそく)→公害対策基本法の制定，環境庁(現在の環境省)の設置
- 新しい環境保全対策：環境基本法や各種のリサイクル法の制定
- グローバル化した経済→世界金融危機や金融資本主義
- 為替相場(為替レート)：通貨と通貨の交換比率→貿易に大きな影響
- 自由貿易促進のための国際協定…GATT→WTO(世界貿易機関)に改組

❷ 国際社会における国家とさまざまな課題

- 世界には190あまりの国(主権国家)…各国は主権を持つ
- 国際法：国と国が結ぶ条約，国際慣習法など
- 国際連合(国連)のしくみと働き(1945年誕生，本部はニューヨーク)
  - おもな機関：総会，安全保障理事会(安保理)，経済社会理事会など
  - 専門機関：国連教育科学文化機関(UNESCO)，世界保健機関(WHO)など
  - 安保理…拒否権を持つ5常任理事国と10の非常任理事国で構成
  - 国連の第一の働き：世界の平和と安全の維持→平和維持活動(PKO)
- 地域主義(リージョナリズム)：ヨーロッパ連合(EU)，ASEAN(東南アジア諸国連合)，APEC(アジア太平洋経済協力会議)など
- 軍縮：世界からの兵器の削減，核兵器の廃絶→核拡散防止条約
- 政府開発援助(ODA)…先進工業国と発展途上国との経済格差などを解消→南北問題や南南問題への取り組み，NGOの活動も活発化
- 地球環境の危機：森林伐採によるさばく化，排気ガスやばい煙などによる大気汚染や酸性雨，フロンガスによるオゾン層の破壊
- 地球温暖化：CO_2などの温室効果ガスの増加→京都議定書(1997年)

社会 入試情報

　実際の入試では，地図やグラフ，写真などの資料を用いた出題形式を取ることが多いため，その資料を読み解く力や分析する力というのが重要となってくる。その力を養うためには，**教科書の内容をしっかりと理解し，資料集などにも目を通しておくことが大事**である。また，分野別の出題傾向の割合で見ると，歴史的分野が他の地理的分野や公民的分野に比べやや多いが，配点は３分野ほぼ均等となっているため，どの分野もしっかりと学習する必要がある。

●地理的分野

- 世界や日本のすがたに関する基礎的な知識を問う出題が多いが，特に**産業や資源，貿易等についての総合的な問題が目立つ**。
- 世界の国々や日本の都道府県の特徴を，提示した統計資料などから読み取らせる問題や，地形図を用いて実際の距離や方位，地図記号などを問う問題の出題頻度も高い。

●歴史的分野

- **年表を使って日本の歴史を総合的に問うスタイルのものが特に多い。**
- 問われる時代・年代にかたよりは少なく，古代から現代までほぼ均等に出題されている。
- 歴史的分野の特徴として，年代を通して**外交史や文化史，農業史や経済史**などといったテーマをしぼって出題されるケースも多い。

●公民的分野

- グラフや統計資料などを用いて基礎的な事がらを問う問題が多い。
- 特に**政治や経済に関する出題が目立っており，国会・内閣・裁判所のしくみや財政・金融のしくみ**については目が離せない。
- 昨今，ニュースで話題になった時事問題などについても注意が必要である。

理科

1 実験・観察器具の使い方 … 68
2 光と音 … 70
3 力と圧力 … 72
4 電流の性質① … 74
5 電流の性質② … 76
6 電流のはたらき … 78
7 力と運動 … 80
8 仕事とエネルギー … 82
9 エネルギーの移り変わり … 84
10 身のまわりの物質と状態変化 … 86
11 気体の性質／水溶液の性質 … 88
12 物質のなりたち … 90
13 いろいろな化学変化 … 92
14 化学変化と物質の質量 … 94
15 水溶液とイオン／電池 … 96
16 酸，アルカリとイオン … 98
17 植物の世界① … 100
18 植物の世界② … 102
19 動物の世界① … 104
20 動物の世界② … 106
21 細胞と生物のふえ方① … 108
22 細胞と生物のふえ方② … 110
23 自然環境と生物 … 112
24 火山と岩石 … 114
25 地震／大地の変化 … 116
26 気象の観測／気団と前線 … 118
27 日本の天気／雲のでき方 … 120
28 地球の運動と天体の動き … 122
29 宇宙の広がり／月と金星の見え方 … 124
入試情報 … 126

● **実力チェック**
　特に覚えておきたい重要事項を一問一答の形式でチェックできるようにしています。

● **要点チェック**
　入試によく出る項目の要点を，簡潔な説明と図版でわかりやすく解説しています。
　最重要の要点や語句は色文字にして，暗記用フィルターで繰り返し確認できるようにしています。

1 実験・観察器具の使い方

実力チェック

□① 水50.0cm^{3}を入れたメスシリンダーに金属を入れると，水面が図1のようになった。この金属は何cm^{3}か。

図1

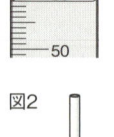

9.0cm^3
(59.0－50.0)

□② 図2のガスバーナーの炎を青色に調節するには，A，Bどちらのねじをおさえ，どちらのねじをゆるめるか。

図2

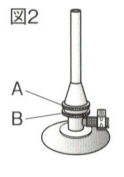

Bをおさえ，Aをゆるめる。

□③ こまごめピペットの使い方として正しいものは，ア～エのどれか。

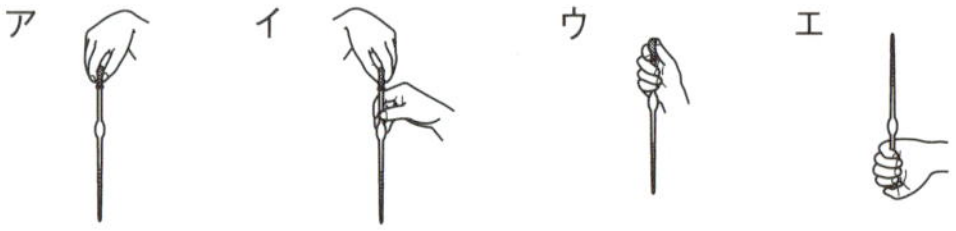

ア　イ　ウ　エ

ウ

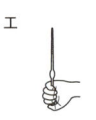

□④ 花を持ち，ルーペで花を観察するとき，ルーペは花，目のどちらに近づけて持つか。

目

□⑤ 「15×」の接眼レンズと「10」の対物レンズを用いたとき，顕微鏡の倍率は何倍になるか。

150倍
(15×10)

□⑥ 顕微鏡を，低倍率から高倍率にかえたとき，視野の明るさと広さはどうなるか。

暗くなり，せまくなる。

要点チェック

❶メスシリンダーの使い方

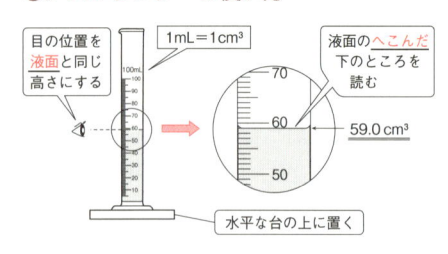

- 目の位置を液面と同じ高さにする
- 1mL＝1cm^3
- 液面のへこんだ下のところを読む
- 59.0 cm^3
- 水平な台の上に置く

❷ろ過のしかた

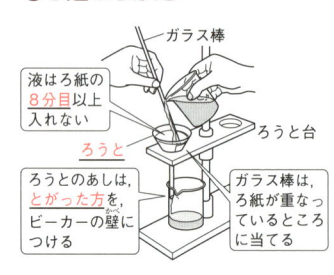

- ガラス棒
- 液はろ紙の8分目以上入れない
- ろうと
- ろうと台
- ろうとのあしは，とがった方を，ビーカーの壁につける
- ガラス棒は，ろ紙が重なっているところに当てる

68

❸ガスバーナーの使い方

*火のつけ方：❶空気調節ねじとガス調節ねじがしまっているのを確かめ，元栓を開く。❷マッチの火を近づけ，ガス調節ねじをゆるめて点火。❸ガス調節ねじをおさえ，空気調節ねじをゆるめて，青い炎にする。

*火の消し方：❶空気調節ねじをしめる。❷ガス調節ねじをしめる。❸元栓を閉じる。

右に回すとしまる　左に回すとゆるむ
空気調節ねじ　ガス調節ねじ
空気　ガス

❹こまごめピペットの使い方

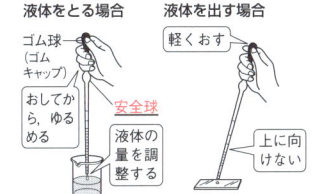

液体をとる場合　液体を出す場合
ゴム球（ゴムキャップ）
おしてから，ゆるめる
安全球
液体の量を調整する
軽くおす
上に向けない

❺上皿てんびんの使い方

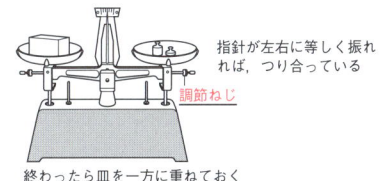

物質の質量をはかる場合
指針が左右に等しく振れれば，つり合っている
調節ねじ
終わったら皿を一方に重ねておく

❻ルーペの使い方

*ルーペは目に近づけて持ち，観察物を動かしてピントを合わせる。観察物が動かせないときは，ルーペを目に近づけたまま顔を前後に動かしてピントを合わせる。

❼顕微鏡の使い方

[手順]❶直射日光が当たらない，明るく水平な所に置き，接眼レンズ，対物レンズの順にとりつける。❷反射鏡としぼりを調節し，視野を明るくする。❸真横から見ながら調節ねじを回し，対物レンズをプレパラートに近づける。❹接眼レンズをのぞき，対物レンズをプレパラートから遠ざけながらピントを合わせる。❺低倍率で観察物を視野の中央に動かしてからレボルバーで高倍率の対物レンズにし，しぼりを調節して見やすい明るさにする。

*低倍率から高倍率にすると，対物レンズとプレパラートの間隔はせまくなり，視野はせまく，暗くなる。

*顕微鏡の倍率＝接眼レンズの倍率×対物レンズの倍率

接眼レンズ　鏡筒　レボルバー　アーム　対物レンズ　クリップ　ステージ　しぼり　反射鏡　鏡台　調節ねじ

❽双眼実体顕微鏡の使い方

[手順]❶両目の間隔に合うように鏡筒を調節し，両目で1つに見えるようにする。❷右目でのぞきながら調節ねじでピントを合わせる。❸左目でのぞきながら視度調節リングを回して，ピントを合わせる。

*20～40倍の倍率で観察するのに適していて，立体的に見える。

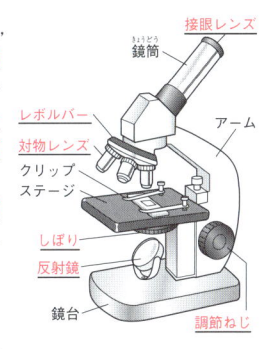

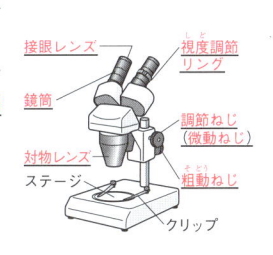

接眼レンズ　視度調節リング　鏡筒　調節ねじ（微動ねじ）　対物レンズ　ステージ　粗動ねじ　クリップ

2 光と音

実力チェック

□① 入射角と反射角の大きさはどのような関係か。　　　等しい。

□② 光が水中から空気中に進むときの進み方として正しいものを，右図のア～ウから選べ。　　　ウ

□③ ②のように光が進む現象を，光の何というか。　　　(光の)屈折

□④ 凸レンズをはさみ，物体とスクリーンの位置をそれぞれ20cmにすると，スクリーンに物体と同じ大きさの像がうつった。焦点距離は何cmか。　　　10cm

□⑤ A君がたいこをたたくと，たいこから204mはなれたBさんに0.60秒後に音が聞こえた。音が伝わる速さは何m/sか。　　　340m/s (204÷0.60)

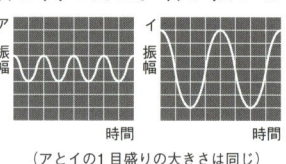

□⑥ 音をコンピュータ画面に示したアとイで，高い音はどちらか。(アとイの1目盛りの大きさは同じ)　　　ア

要点チェック

❶光の性質

* 光の直進：光は同じ物質中を進むとき，まっすぐ進む。
* 鏡にうつる像：鏡に対して物体と線対称な位置にある。光が像から直進してきたように見える。

  反射の法則：光が鏡などの表面で反射するとき，入射角＝反射角

* 光の屈折：光がある物質から違う物質中に斜めに進むとき，境界面で光の進む方向が変わる現象。空気中→ガラス・水中…境界面からはなれるように屈折。ガラス・水中→空気中…境界面に近づくように屈折。

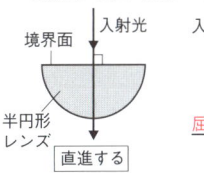

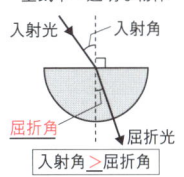

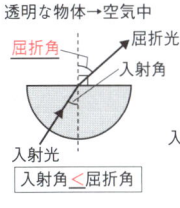

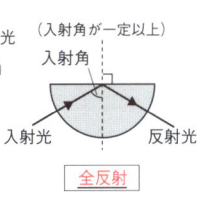

境界面に垂直に入射	空気中→透明な物体	透明な物体→空気中	（入射角が一定以上）
入射光／境界面／半円形レンズ **直進する**	入射光／入射角／**屈折角**／屈折光 **入射角＞屈折角**	屈折角／入射角／屈折光 **入射角＜屈折角**	入射角／入射光／反射光 **全反射**

* <u>焦点</u>：凸レンズの軸に平行な光を当てたとき，凸レンズを通ったすべての光が集まる点。

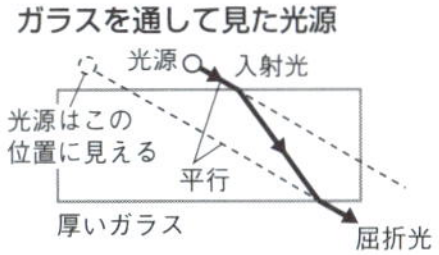

（図：ガラスを通して見た光源　光源／入射光／光源はこの位置に見える／平行／厚いガラス／屈折光）

* <u>焦点距離</u>：凸レンズの中心から焦点までの距離。

* <u>実像</u>：焦点の外側に置かれた物体の像。レンズの反対側にあるスクリーンに，上下左右反対向きにうつる。

* <u>虚像</u>：焦点の内側に置かれた物体の像。光が集まらないので，スクリーンにはうつらない。物体と<u>同じ</u>向きで，物体より<u>大きく</u>見える。

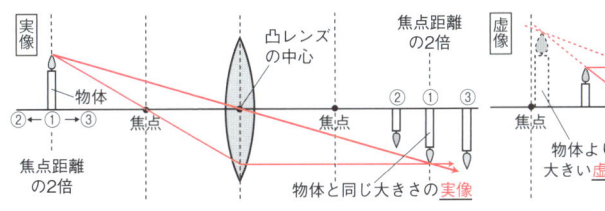

（図：実像・虚像のできかた）
物体と同じ大きさの<u>実像</u>／物体より大きい<u>虚像</u>

①焦点距離の2倍の位置→焦点距離の2倍の位置に同じ大きさの実像
②物体を焦点から遠ざける→実像は焦点に近づき小さくなる
③物体を焦点に近づける→実像は焦点から遠ざかり大きくなる

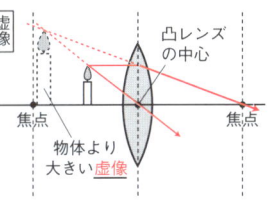

物体が焦点の内側に置かれると実像はできず，凸レンズの反対側から虚像が見える

❷音の性質

* 物体の<u>振動</u>→空気の振動→振動が<u>波</u>となって伝わる。

空気だけでなく，気体や液体・固体中も伝わる。真空中は伝わらない。

* 音の伝わる<u>速さ</u>〔m/s〕＝音の伝わる<u>距離</u>〔m〕÷音の伝わる<u>時間</u>〔s〕

* 音の大きさ：<u>振幅</u>が大きいほど音は<u>大きい</u>。

* 音の高さ：<u>振動数</u>が多いほど音は<u>高い</u>。

* <u>振動数</u>：1秒間に振動する回数。

単位は<u>ヘルツ（Hz）</u>。

右図の振動数：1回÷0.08〔s〕＝12.5〔Hz〕

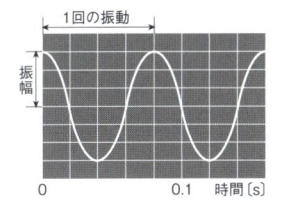

3 力と圧力

実力チェック

□①ばねを引く力の大きさと，ばねののびの関係を表す法則を何というか。 　**フックの法則**

□②0.1Nの力を加えると1cmのびるばねを5cmのばすとき，ばねに加える力の大きさは何Nか。 　**0.5N**
(5÷1×0.1)

□③力を矢印で表したとき，次のA～Cは力の何を表すか。A：矢印の始点，B：矢印の向き，C：矢印の長さ 　**A作用点**
B力の向き
C力の大きさ

□④図の物体を床に置く。P～Rのどの面を下にすると物体が床におよぼす圧力は最大になるか。 　**R**

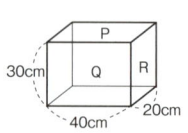

□⑤④の物体の質量が900gのとき，④の圧力は何Paか。質量100gの物体にはたらく重力は1Nとする。 　**150Pa**
{9÷(0.2×0.3)}

□⑥ばねばかりにつるして8Nを示す物体を水中に入れると5Nを示した。物体の受ける浮力は何Nか。 　**3N**
(8−5)

要点チェック

❶力のはたらき

* **力のはたらき**：物体の形を変える。物体の運動のようすを変える。物体を持ち上げたり，支えたりする。
* **重力**：地球などの天体が物体をその中心に向かって引っ張る力。
* **摩擦力(摩擦の力)**：物体に接する面から受け物体の運動をさまたげる力。
* **質量**：物体に固有な量。上皿天びんではかる。単位はkg，g。
* **重さ**：物体にはたらく重力の大きさ。ばねばかりではかる。単位はニュートン(N)。質量100gの物体にはたらく重力＝約1N。場所によって変化する。月面上での重力は地球上での重力の約$\frac{1}{6}$。
* 力の表し方…矢印で表す。

*フックの法則：ばねののびはばねを引く力の大きさに比例する。→原点を通る直線。

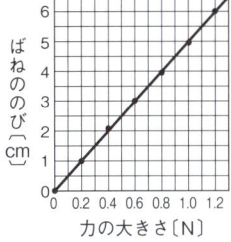

❷圧力

*圧力：単位面積($1m^2$)あたりの面を垂直におす力の大きさ。

*圧力$[Pa(N/m^2)]=\dfrac{面を垂直におす力[N]}{力がはたらく面積[m^2]}$

*1Pa(パスカル)＝$1N/m^2$，1hPa(ヘクトパスカル)＝100Pa

*力が大きいほど圧力も大きい。(力のはたらく面積が同じ場合)

*面積が小さいほど圧力は大きい。(面を垂直におす力が同じ場合)

❸水圧と浮力，大気圧

*水圧：水にはたらく重力によって生じる圧力。

*水圧は，物体の面に対して垂直にはたらく。
水の深さが深いほど大きい。
同じ深さではあらゆる向きに同じ大きさではたらく。

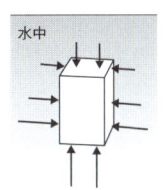

*(水中の物体の上の面にはたらく水圧)<(下の面にはたらく水圧)。⇒
水中にある物体は水から上向きの力を受ける。

*浮力：水中にある物体に上向きにはたらく力。物体の水中部分の体積が大きいほど，大きい。

*浮力[N]＝空気中での物体の重さ[N]－水中に物体をしずめたときの重さ[N]
　浮力＝5－3＝2[N]　（右図）

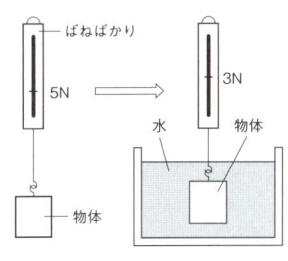

*大気圧(気圧)：空気にはたらく重力によって生じる圧力。
→あらゆる向きにはたらき，上空にいくほど小さくなる。

*1気圧：およそ1000hPa。海面上での大気圧。

4 電流の性質①

実力チェック

□①電流計は、はかりたい部分にどのようにつなぐか。 直列につなぐ。

□②電流の大きさが予想できないとき、はじめにつなぐ電流計の－端子は、5A, 500mA, 50mAのどれか。 5A

図1 電源装置 スイッチ 電熱線

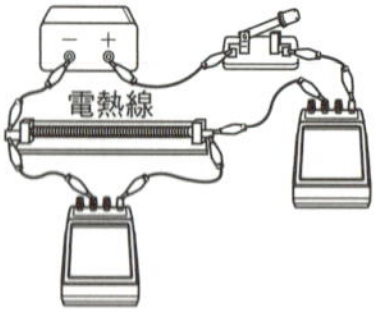

□③図1の回路を、電気用図記号を用いた回路図で表せ。

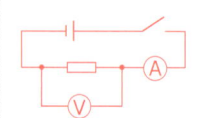

図2

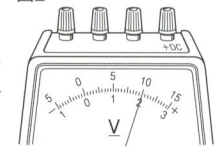

□④電圧計の－端子を300V, 15V, 3Vにしたとき、図2の電圧計はそれぞれ何Vを示すか。

300V　200V
15V　10V
3V　2V

□⑤図3で、bc間の電圧が3Vのとき、de間の電圧何Vか。 3V

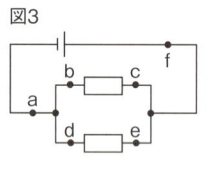

□⑥図3で、a点、b点を流れる電流が、それぞれ0.5A, 0.3Aのとき、d点、f点を流れる電流は何Aか。

d 0.2A(0.5－0.3)
f 0.5A

図3

要点チェック

❶回路

*回路：電流が流れる道筋。

電気器具	電池(直流電源)	スイッチ	電流計	電圧計
電気用図記号	 (長い方が＋極)		Ⓐ	Ⓥ
電気器具	電熱線(抵抗器)	電球	導線の交わり(接続する)	
電気用図記号	 ▭	⊗		

*回路図：電気用図記号を用いて回路全体を表したもの。

❷電流計,電圧計の使い方

* **電流**:電気の流れ。電源の<ruby>＋<rt>プラス</rt></ruby>極から導線を通り−極の向きに流れる。
* **電流計**:はかりたい部分に直列につなぐ。

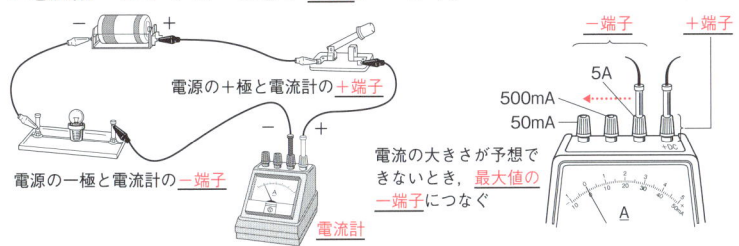

電源の＋極と電流計の＋端子
電源の−極と電流計の−端子
電流計

−端子　＋端子
5A
500mA
50mA
電流の大きさが予想できないとき,最大値の−端子につなぐ

* 1A(アンペア) = 1000mA(ミリアンペア)
* **電圧**:回路に電流を流そうとするはたらき。
* **電圧計**:はかりたい部分に並列につなぐ。

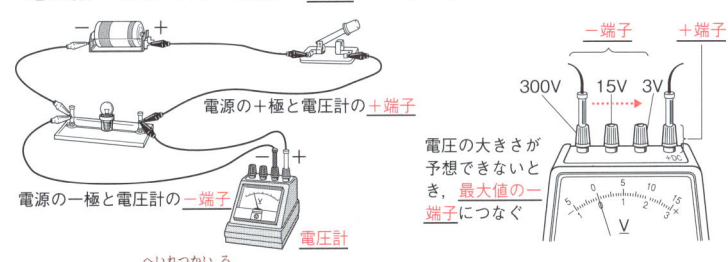

電源の＋極と電圧計の＋端子
電源の−極と電圧計の−端子
電圧計

−端子　＋端子
300V　15V　3V
電圧の大きさが予想できないとき,最大値の−端子につなぐ

❸直列回路と並列回路の電流・電圧

* **直列回路**:1本の道筋でつながっている回路。

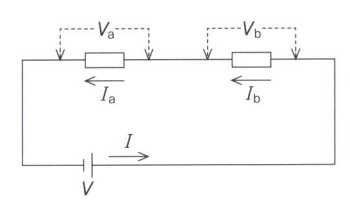

全体の電圧 $V = V_a + V_b$
全体の電流 $I = I_a = I_b$

* **並列回路**:枝分かれした道筋でつながっている回路。

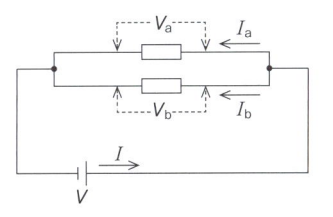

全体の電圧 $V = V_a = V_b$
全体の電流 $I = I_a + I_b$

5 電流の性質②

実力チェック

□① 電熱線を流れる電流が、電圧に比例することを何というか。 → **オームの法則**

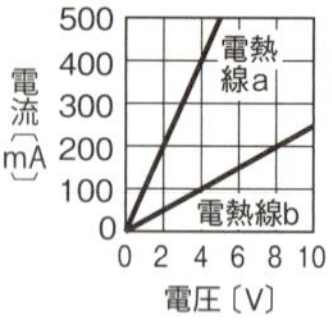

□② 右のグラフで、電流が流れにくいのは電熱線a、bのどちらか。 → **電熱線b**

□③ ②の電熱線の抵抗を求めよ。 → **40Ω (8÷0.2)**

□④ 右の回路で、10Ωの抵抗に3Vの電圧が加わった。10Ωの抵抗を流れる電流は何Aか。また、15Ωの抵抗に加わる電圧は何Vか。 → **0.3A (3÷10)** **4.5V (15×0.3)**

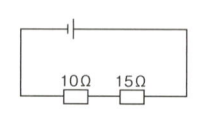

□⑤ 右のクルックス管で、明るく光る線を何というか。 → **陰極線(電子線)**

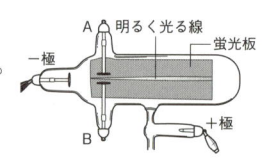

□⑥ ⑤の流れをつくる小さな粒を何というか。 → **電子**

要点チェック

❶電流と電圧

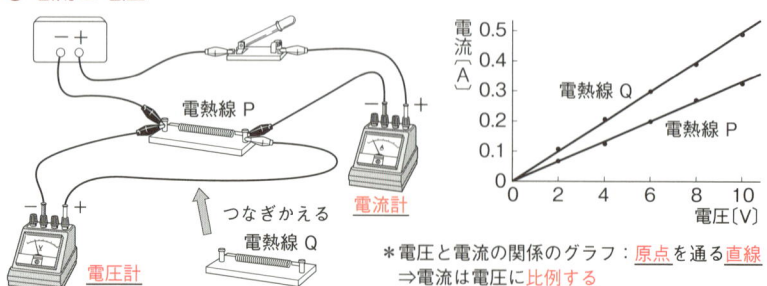

*電圧と電流の関係のグラフ：**原点**を通る**直線**
⇒電流は電圧に**比例する**

* **オームの法則**：電熱線を流れる電流の大きさは、電圧に**比例**する。
* **抵抗(電気抵抗)**：電流の流れにくさ。単位は**オーム(Ω)**。
  グラフより電熱線PはQより電流が流れ**にくい**(⇒抵抗が**大きい**)。

* 抵抗R〔Ω〕,電熱線の両端の電圧V〔V〕,流れる電流I〔A〕

電圧〔V〕= 抵抗〔Ω〕×電流〔A〕($V = R \times I$)

電流〔A〕= 電圧〔V〕÷抵抗〔Ω〕($I = V \div R$)

抵抗〔Ω〕= 電圧〔V〕÷電流〔A〕($R = V \div I$)

* **回路全体の抵抗**

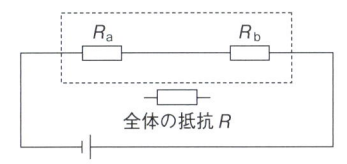

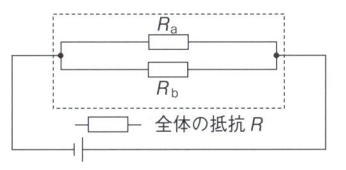

直列回路 $R = R_a + R_b$　　並列回路 $R < R_a$, $R < R_b$　　$\left(\dfrac{1}{R} = \dfrac{1}{R_a} + \dfrac{1}{R_b}\right)$

❷ 静電気と電流

* 静電気：異なる物質を摩擦すると生じる電気。＋, －の２種類。
* 電気の力：同じ種類の電気はしりぞけ合う。違う種類の電気は引き合う。
* 放電：たまっていた電気が流れ出す現象。電気が空間を移動する現象。 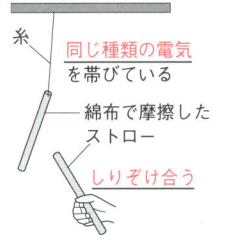 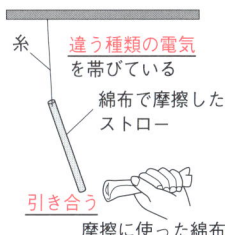
* 真空放電：気圧を低くしたとき,空間に電流が流れる現象。
* 電子：－の電気をもつ小さな粒子。
* 陰極線：電子の流れ。
* **電流の正体**：電子の流れ。

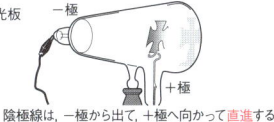

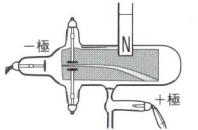

電流　＋極 ⇒ －極
電子　－極 ⇒ ＋極

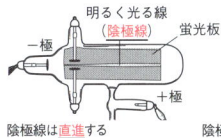

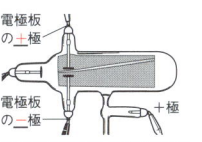

6 電流のはたらき

実力チェック

□①10Ωの電熱線に3Vの電圧を加えたとき，消費する電力は何Wか。 — 0.9W {3×(3÷10)}

□②①の電熱線に20分間電流を流したとき，発生する熱量は何Jか。 — 1080J (0.9×20×60)

□③導線に電流を流すと，導線のまわりに同心円状にできるものは何か。 — 磁界

□④③の向きは，方位磁針の何極が指す向きか。 — N極

□⑤図の矢印の向きに電流を流すと，コイルはエの向きに動いた。電流の向きを逆にすると，コイルはア〜エのどの向きに動くか。 — イ

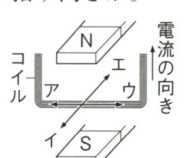

□⑥コイルに棒磁石を近づけたら，コイルに電流が流れた。このような現象を何というか。 — 電磁誘導

□⑦流れる向きが周期的に変化する電流を何というか。 — 交流(交流電流)

要点チェック

❶電力と電力量

* 電力：1秒あたりに使う電気エネルギー。単位はワット(W)。
  電力[W]＝電圧[V]×電流[A]

* 電力量：電気器具で消費される電気エネルギー。単位はジュール(J)。
  電力量[J]＝電力[W]×時間[s]　　電力量[Wh]＝電力[W]×時間[h]

* 熱量：電熱線で発生した熱の量。単位はジュール(J)，カロリー(cal)
  熱量[J]＝電力[W]×時間[s]＝電力量[J]　　(1cal＝4.2J)

❷電流と磁界

* 磁力：磁石の力。磁石と磁石が引き合う力，しりぞけ合う力。
* 磁界(磁場)：磁力がはたらく空間。

* <u>磁界の向き</u>：方位磁針のN極が指す向き。
* <u>磁力線</u>：磁界の向きにそって引いた線。磁石の<u>N</u>極から出て<u>S</u>極へ入る。磁力線の間隔がせまいところほど，磁界は<u>強い</u>。
* **導線のまわりの磁界**

    同心円状の磁界。

    電流の大きさが大きいほど磁界は<u>強い</u>。

    導線に近いところほど磁界は<u>強い</u>。

* **コイルのまわりの磁界**

    電流が大きいほど磁界は<u>強い</u>。

    コイルの<u>巻数</u>が多いほど磁界は<u>強い</u>。

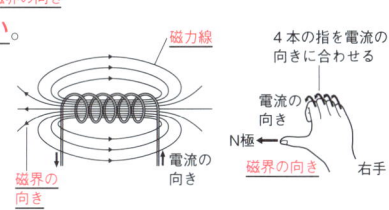

    <u>鉄しん</u>を入れると磁界は<u>強く</u>なる。

* **磁界の中で電流が受ける力**

    電流の向き<u>逆</u>⇒力の向き<u>逆</u>。電流や磁界が強いほど力は<u>大きい</u>。

    磁石の磁界の向き<u>逆</u>⇒力の向き<u>逆</u>。

* <u>モーター</u>：電流が磁界から受ける力を利用した道具。

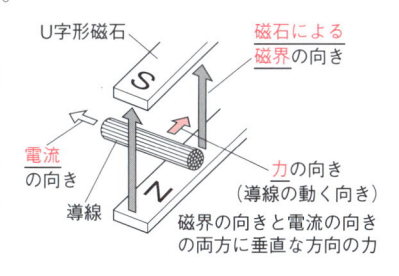

❸ **電磁誘導**

* <u>電磁誘導</u>：コイルの中の磁界が変化すると，コイルに電流を流そうとする電圧を生じる。

    コイルの巻数が多い⇒誘導電流<u>大</u>。

    棒磁石の磁力<u>大</u>⇒誘導電流<u>大</u>。

* <u>誘導電流</u>：電磁誘導でコイルに流れる電流。
* <u>発電機</u>：電磁誘導を利用して電流を得られるようにした装置。
* <u>直流（直流電流）</u>：一定の向きに流れる電流。
* <u>交流（交流電流）</u>：流れる向きや大きさが周期的に変化する電流。

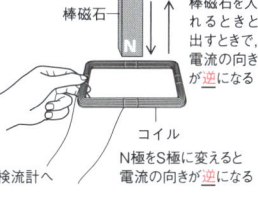

7 力と運動

実力チェック

- □① ア，イは物体に，ウは水平な面にはたらく力である。2力がつり合いの関係にある力はどれとどれか。ただし，3つの力は，大きさが等しく一直線上にあるものとする。 → **アとイ**
- □② ①のア，イは，何という力か。 → **ア 垂直抗力(抗力)　イ 重力**
- □③ 右図に力AとBの合力をかけ。 → **左の図に作図。**
- □④ ③の合力の大きさは何Nか。 → **4N**
- □⑤ 右図は，台車の運動を記録したテープを，0.1秒ごとに切って順にはったものである。CD間の平均の速さは何cm/sか。 → **72cm/s　{(5.4+9.0)÷0.2}**
- □⑥ 力を受けていない物体がその運動状態を続けようとする性質は何か。 → **慣性**

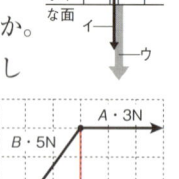

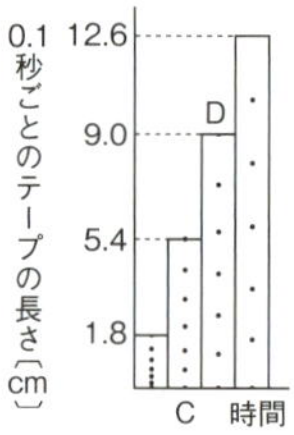

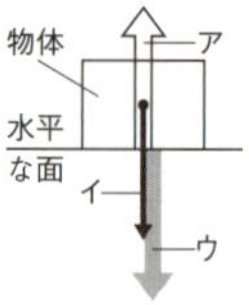

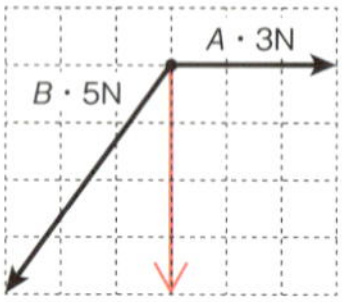

要点チェック

❶力のつり合い

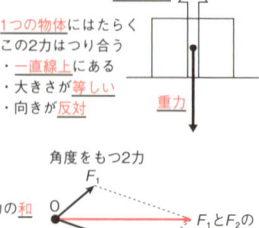

* 1つの物体に2力がはたらいていて，静止している。→2力は<u>つり合って</u>いる。
  つり合う2力の例…重力と垂直抗力，おす力(引く力)と摩擦力。

  <u>1つの物体にはたらくこの2力はつり合う</u>
  ・<u>一直線上</u>にある
  ・大きさが<u>等しい</u>
  ・向きが<u>反対</u>

* **力の合成**：2力と同じはたらきをする1つの力(<u>合力</u>)を求めること。

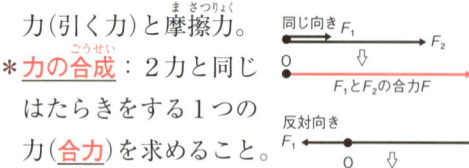

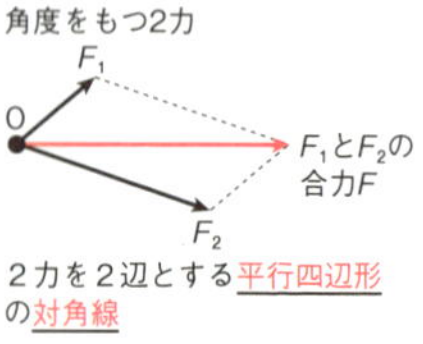

  同じ向き：F_1とF_2の合力F は2力の<u>和</u>
  反対向き：F_1とF_2の合力F は2力の<u>差</u>
  角度をもつ2力：2力を2辺とする<u>平行四辺形</u>の<u>対角線</u>がF_1とF_2の合力F

* **力の分解**：1つの力を，その力と同じはたらきをする2力(<u>分力</u>)に分けること。

* 斜面上の物体：重力を斜面に<u>垂直</u>な方向と<u>平行</u>な方向に分解する。斜面の傾きが大きくなると重力の斜面に平行な分力は<u>大きく</u>なる。

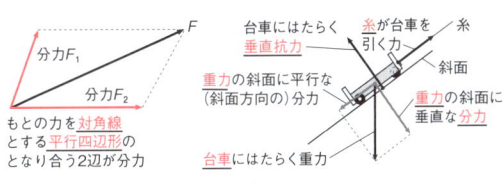

もとの力を<u>対角線</u>とする<u>平行四辺形</u>のとなり合う2辺が分力

台車にはたらく<u>垂直抗力</u>　<u>糸</u>が台車を引く力
<u>重力の斜面に平行な</u>（斜面方向の）分力
<u>重力の斜面に垂直な分力</u>
台車にはたらく重力

❷力と運動

* <u>瞬間の速さ</u>：ごく短い時間に移動した距離から求めた速さ。

$$速さ[cm/s] = \frac{移動\underline{距離}[cm]}{移動にかかった\underline{時間}[s]}$$

* <u>平均の速さ</u>：移動した全体の距離とかかった時間から求めた速さ。

* 運動と同じ向きで一定の大きさの力→<u>速さ</u>がだんだん速くなる運動。
  例 斜面を下る運動（重力の斜面に平行な分力），自由落下（重力）

斜面を下る運動

0.1秒間に移動した距離[cm] 傾きが<u>小さい</u>とき
0.1秒間に移動した距離[cm] 傾きが<u>大きい</u>とき

* <u>自由落下</u>：物体が，真下に自然に落下する運動。

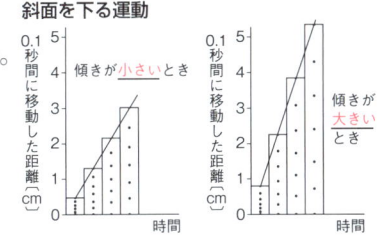

* 運動と反対向きで一定の大きさの力→速さがだんだん<u>おそく</u>なる運動。
  例 斜面を上る運動（重力の斜面に平行な分力），摩擦がはたらく運動

* 力がはたらかない（つり合っている）→<u>等速直線運動</u>（一定の速さで，一直線上を進む運動）。

等速直線運動　距離[cm] = 速さ[cm/s] × 時間[s]

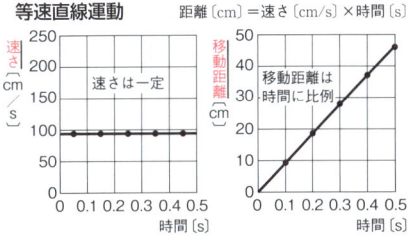

速さは一定
移動距離は時間に比例

* <u>慣性</u>：物体がその運動状態を続けようとする性質。
  例 だるま落とし，電車の急停車

* <u>慣性の法則</u>：物体に力がはたらいていない（または力がつり合っている）とき，静止している物体は<u>静止</u>し続け，運動している物体は<u>等速直線運動</u>を続ける。

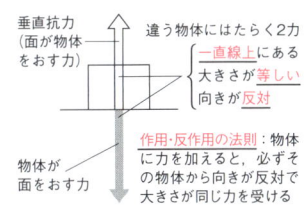

垂直抗力（面が物体をおす力）
物体が面をおす力

違う物体にはたらく2力
<u>一直線上にある</u>
<u>大きさが等しい</u>
<u>向きが反対</u>

作用・反対作用の法則：物体に力を加えると，必ずその物体から向きが反対で大きさが同じ力を受ける

8 仕事とエネルギー

実力チェック

- □① 質量600gの物体を床と垂直に20cm引き上げた。手が物体にした仕事は何Jか。質量100gの物体にはたらく重力を1Nとする。 — **1.2J（6×0.2）**
- □② ①の仕事に10秒かかった。仕事率は何Wか。 — **0.12W（1.2÷10）**
- □③ 動滑車を使って、①と同じことをすると、手が物体にした仕事は何Jか。道具の質量や摩擦は考えないものとする。 — **1.2J**
- □④ 図1で、小球の質量と水平面からの高さを変えて木片に衝突させ、木片の移動距離をはかると、図2のようになった。小球の高さが、15cmのときの、小球の質量と木片の移動距離の関係を図3にかけ。 — **図3に作図**
- □⑤ 斜面を下る台車の位置エネルギーは、何に移り変わるか。 — **運動エネルギー**
- □⑥ 位置エネルギーと⑤のエネルギーの和は何か。 — **力学的エネルギー**

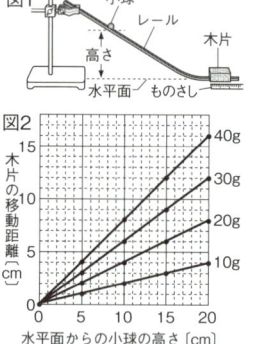

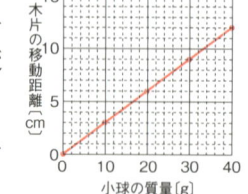

要点チェック

❶仕事

*物体に力を加え、その<u>向き</u>に動かした。→物体に仕事をした。
*<u>仕事</u>〔J〕＝力の大きさ〔N〕×力の向きに動いた距離〔m〕

* <u>仕事率〔W〕</u>＝ 仕事〔J〕／かかった時間〔s〕 （1秒あたりにする仕事）

* 動滑車1個→ひもを引く力の大きさは半分。
  ひもを引く距離は<u>2</u>倍。

* <u>仕事の原理</u>：道具を使っても使わなくても，仕事の大きさは同じになること。

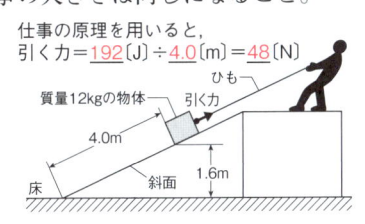

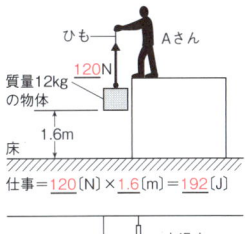

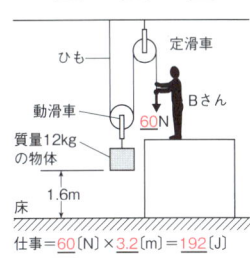

仕事の原理を用いると，
引く力＝<u>192</u>〔J〕÷<u>4.0</u>〔m〕＝<u>48</u>〔N〕

仕事＝<u>120</u>〔N〕×<u>1.6</u>〔m〕＝<u>192</u>〔J〕

仕事＝<u>60</u>〔N〕×<u>3.2</u>〔m〕＝<u>192</u>〔J〕

❷力学的エネルギー

* <u>エネルギー</u>：他の物体に対して仕事ができる能力。単位は<u>ジュール(J)</u>。

* <u>位置エネルギー</u>：高いところにある物体がもつエネルギー。
  物体の高さが<u>高い</u>ほど大きく，質量が<u>大きい</u>ほど大きい。

* <u>運動エネルギー</u>：運動する物体がもつエネルギー。
  物体の速さが<u>速い</u>ほど大きく，質量が<u>大きい</u>ほど大きい。

* <u>力学的エネルギー</u>：物体のもっている位置エネルギーと運動エネルギーの<u>和</u>。

* **ふりこの運動**：おもりをAの位置から静かにはなすと同じ高さのCの位置まで移動。
  位置エネルギーと運動エネルギーがたがいに移り変わる。

  A→B：位置エネルギー減少 運動エネルギー増加
  B→C：位置エネルギー増加 運動エネルギー減少

* <u>力学的エネルギーの保存(力学的エネルギー保存の法則)</u>：摩擦や空気抵抗がないとき，力学的エネルギーは<u>一定</u>に保たれる。

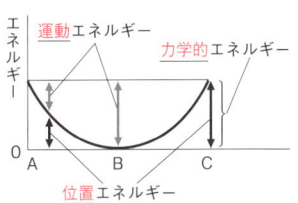

⑨ エネルギーの移り変わり

実力チェック

□①熱源から直接熱が伝わることを何というか。 　　**伝導(熱伝導)**

□②水や空気などが循環して熱が伝わることを何というか。 　　**対流(熱対流)**

□③白熱電球に手をかざすとあたたかい。このような熱の伝わり方を何というか。 　　**放射(熱放射)**

□④火力発電におけるエネルギーの移り変わりを表す下の図のA～Cにあてはまる語句を書け。

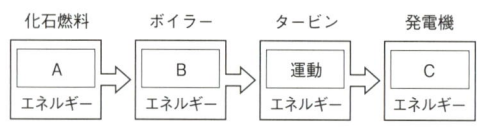

A 化学
B 熱
C 電気

化石燃料 → ボイラー → タービン → 発電機
[A エネルギー] ⇒ [B エネルギー] ⇒ [運動 エネルギー] ⇒ [C エネルギー]

□⑤位置エネルギーから運動エネルギーへの移り変わりを利用した発電方法は何か。 　　**水力発電**

□⑥自家発電によって電気エネルギーを得るとともに、そのとき発生する排熱を暖房や給湯などに利用し、エネルギーを効率よく利用するシステムは何か。 　　**コージェネレーションシステム**

□⑦麦わらや動物の糞尿など、エネルギーに利用できる生物体を何というか。 　　**バイオマス**

要点チェック

❶エネルギーの変換

* **力学的エネルギー**：位置エネルギー＋運動エネルギー

* <u>電気エネルギー</u>、<u>化学エネルギー</u>(化学変化によってとり出すことができるエネルギー)、<u>熱エネルギー</u>、<u>光エネルギー</u>、音エネルギーなどがある。エネルギーは、たがいに移り変わることができる。

* 熱の伝わり方：<u>伝導(熱伝導)</u>…熱源から直接熱が伝わる。<u>対流(熱対流)</u>…気体や液体の状態であたためられた物質が移動して熱が伝わる。

放射(熱放射)…熱源からはなたれた光が当たった面が熱くなる。

* <u>エネルギーの保存(エネルギー保存の法則)</u>：エネルギーがさまざまな姿に移り変わるとき，すべてのエネルギーの<u>和</u>は一定に保たれる。

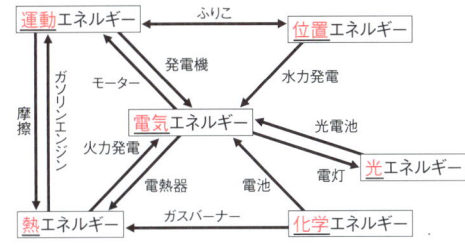

* <u>エネルギー(の変換)効率</u>：はじめのエネルギー量に対する利用可能なエネルギーの割合。多くのエネルギーが利用できない熱エネルギーなどに変わり，失われる。

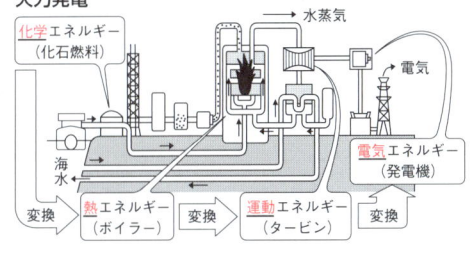

❷エネルギー資源

* 主な発電方法：火力発電，原子力発電，水力発電
* <u>化石燃料</u>：<u>石油</u>，<u>石炭</u>，**天然ガス**など。
* 利点：安定した大電力…<u>火力</u>発電，<u>原子力</u>発電。二酸化炭素が発生しない…<u>原子力</u>発電，<u>水力</u>発電。 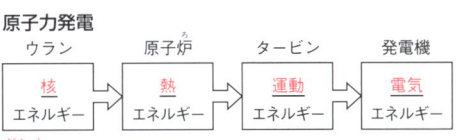
* 問題点：火力発電…<u>地球温暖化</u>の原因の1つと考えられている，大気中の<u>二酸化炭素(温室効果ガス)</u>の増加。
原子力発電…核燃料や廃棄物の厳重な管理。
水力発電…ダムの建設による自然環境の破壊。
* <u>放射線</u>：医療や物質の内部構造を調べることなどに利用。
* <u>コージェネレーションシステム</u>：発電の際の排熱も効率的に利用。
* 新しい発電：<u>風力</u>発電，<u>太陽</u>光発電，<u>バイオマス</u>発電(麦わらや動物の糞尿などをエネルギー源として利用)，<u>燃料電池</u>発電，<u>地熱</u>発電。将来にわたって利用できる，再生可能なエネルギー資源。

10 身のまわりの物質と状態変化

実力チェック

- □① 金属をみがくと出る，特有の光沢を何というか。 　　金属光沢
- □② 磁石は，すべての金属を引きつけるか。 　　引きつけない。
- □③ 体積2.0cm³，質量6.0gの物体の密度は何g/cm³か。 　　3.0g/cm³
- □④ 物質が状態変化するとき，質量はどうなるか。 　　一定
- □⑤ 液体のロウが固体になると，体積はどうなるか。 　　小さくなる。
- □⑥ 液体の水が固体になると，体積はどうなるか。 　　大きくなる。
- □⑦ 固体がとけて液体に変化するときの温度を，何というか。 　　融点
- □⑧ 水とエタノールの混合した液体を熱していくと，沸騰が始まってすぐ出てくる気体には，どちらが多く含まれているか。 　　エタノール

要点チェック

❶身のまわりの物質

* **金属**：性質①みがくと金属光沢が見られる。②電気や熱をよく通す。③引っ張るとのび，たたくと広がる。例鉄，アルミニウム，銅など 磁石に引きつけられる性質は，鉄などの一部の金属だけがもつ性質。
* **非金属**：金属以外の物質。例ガラス，木，ゴムなど
* **密度**：一定体積(ふつう1cm³)あたりの質量。密度の値で，物質を判別できる。

$$密度[g/cm^3] = \frac{質量[g]}{体積[cm^3]}$$

* **有機物**：炭素を含み，燃やすとこげて炭になる物質。例砂糖，デンプン，ろう，プラスチックなど 有機物を燃やす。→二酸化炭素(石灰水→白くにごる)と水ができる。
* **プラスチック**：有機物。特徴→軽い，さびない，電気や熱を通しにくい，加工しやすい。例ポリエチレンテレフタラート(PET)など
* **無機物**：有機物以外の物質。例水，鉄，二酸化炭素など

❷状態変化

* 物質には、<u>固体，液体，気体</u>の3つの状態がある。
* <u>状態変化</u>：温度によって，固体，液体，気体と状態を変えること。

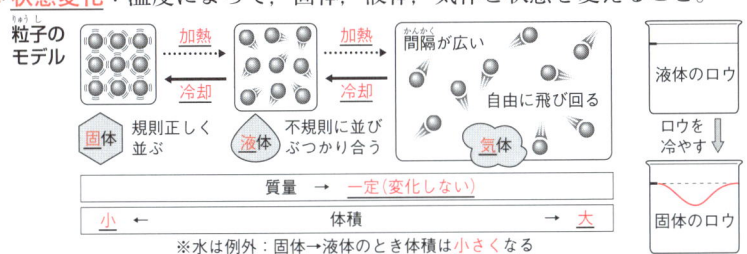

	粒子のモデル	
固体 規則正しく並ぶ	⇄ 加熱/冷却 ⇄ 液体 不規則に並びぶつかり合う	⇄ 加熱/冷却 ⇄ 気体 間隔が広い／自由に飛び回る

質量	→	一定（変化しない）
小 ←	体積	→ 大

※水は例外：固体→液体のとき体積は<u>小さく</u>なる

液体のロウ → ロウを冷やす → 固体のロウ

❸融点・沸点

* <u>融点</u>：固体→液体のときの温度。
* <u>沸点</u>：液体→気体のときの温度。
* <u>純粋な物質</u>（<u>純物質</u>）：1種類の物質からできているもの。
→融点・沸点は<u>一定</u>。
* <u>混合物</u>：いくつかの物質が混ざっているもの。囫空気，食塩水など
→混合物の融点・沸点は決まった温度に<u>ならない</u>。

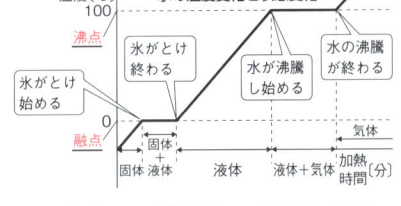

水の温度変化と状態変化のグラフ：沸点100℃，融点0℃，氷がとけ始める→氷がとけ終わる→水が沸騰し始める→水の沸騰が終わる，固体＋液体／液体／液体＋気体／気体

❹蒸留

* <u>蒸留</u>：液体を沸騰させ，出てきた気体を冷やして再び液体にしてとり出すこと。→<u>沸点</u>の違う液体の混合物は，<u>蒸留</u>を利用して分離する。

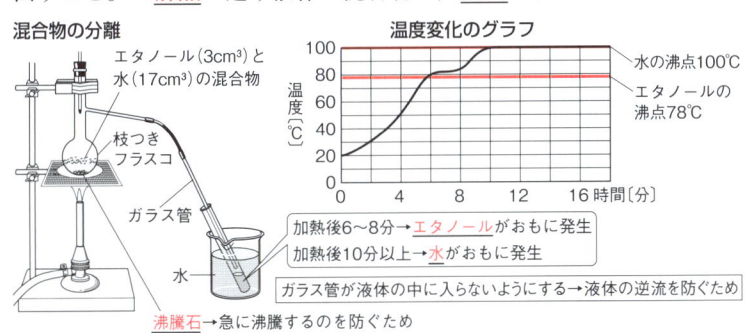

混合物の分離：エタノール（3cm³）と水（17cm³）の混合物，枝つきフラスコ，ガラス管，水

温度変化のグラフ：水の沸点100℃，エタノールの沸点78℃

加熱後6～8分→<u>エタノール</u>がおもに発生
加熱後10分以上→<u>水</u>がおもに発生
ガラス管が液体の中に入らないようにする→液体の逆流を防ぐため
<u>沸騰石</u>→急に沸騰するのを防ぐため

11 気体の性質／水溶液の性質

実力チェック

- □① 石灰石に塩酸を加えると発生する気体は何か。 —— 二酸化炭素
- □② 気体の酸素や水素は何という方法で集められるか。 —— 水上置換(法)
- □③ ものを燃やすはたらきのある気体は何か。 —— 酸素
- □④ 石灰水を白くにごらせる気体は何か。 —— 二酸化炭素
- □⑤ 水素にマッチの火を近づけると，どうなるか。反応のようすを簡単に書け。 —— (ポンと)音を立てて燃える。
- □⑥ 80gの水に20gの砂糖をとかした水溶液の質量パーセント濃度は何%か。 —— 20%(20÷100×100)
- □⑦ 10%の食塩水300gには食塩が何gとけているか。 —— 30g(300×0.1)
- □⑧ 物質がそれ以上とけきれなくなった水溶液を何というか。 —— 飽和水溶液

要点チェック

❶気体のつくり方と性質

* **酸素**(ものを燃やす。)
  オキシドール(うすい過酸化水素水)／酸素／集気びん／ゴム栓／ゴム管／水／ふた／二酸化マンガン／水上置換(法)

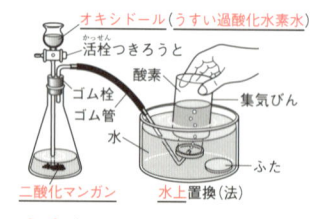

* **二酸化炭素**(石灰水を白くにごらせる。)
  うすい塩酸／二酸化炭素／水／石灰石／ふた／水上置換(法) ＊下方置換(法)でも集められる

* **水素**(マッチの火を近づけると音がして燃える。)
  水素／うすい塩酸／亜鉛／水／水上置換(法)

* **アンモニア**〔刺激臭。フェノールフタレイン(溶)液で赤色になる。水によくとける。〕
  アンモニア／塩化アンモニウムと水酸化カルシウム／乾いた試験管／試験管の口はわずかに下げる／上方置換(法)

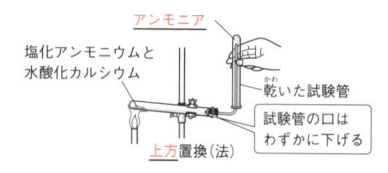

❷気体の集め方

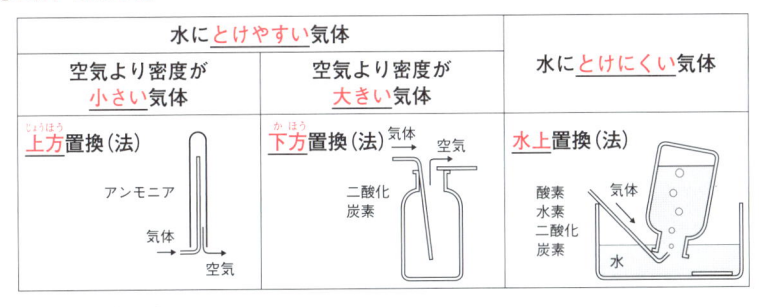

水にとけやすい気体		水にとけにくい気体
空気より密度が 小さい気体	空気より密度が 大きい気体	
上方置換(法) アンモニア	下方置換(法) 二酸化炭素	水上置換(法) 酸素 水素 二酸化炭素

❸水溶液の性質

* 溶液にとけている物質を溶質, とかしている液体を溶媒という。

    塩酸の溶質→塩化水素

    溶媒が水のとき→水溶液

    質量パーセント濃度〔%〕
    $= \dfrac{溶質の質量〔g〕}{溶液の質量〔g〕} \times 100$
    $= \dfrac{溶質の質量〔g〕}{溶質の質量〔g〕+溶媒の質量〔g〕} \times 100$

* 質量パーセント濃度：溶液の質量に対して溶質の質量の割合を%で表す。
* 飽和水溶液：物質が限界までとけている状態(飽和)の水溶液。
* 溶解度：100gの水に物質をとかして飽和水溶液にしたとき, とけた溶質の質量。物質の種類によって決まっていて, 温度によって変化。
* 結晶：物質によって決まっている規則正しい形。

    塩化ナトリウム　ミョウバン　硝酸カリウム

* 再結晶：いったん水にとかした物質を, 再び結晶としてとり出すこと。

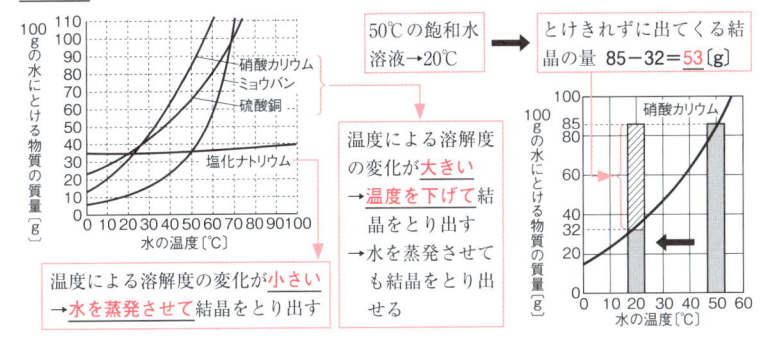

50℃の飽和水溶液→20℃ → とけきれずに出てくる結晶の量 85−32＝53〔g〕

温度による溶解度の変化が大きい
→温度を下げて結晶をとり出す
→水を蒸発させても結晶をとり出せる

温度による溶解度の変化が小さい
→水を蒸発させて結晶をとり出す

12 物質のなりたち

実力チェック

- □① 炭酸水素ナトリウムを加熱してできる3つの物質の物質名をすべて書け。 → 水，二酸化炭素，炭酸ナトリウム
- □② 水を電気分解するときに，水酸化ナトリウムを加えた水を用いるのはなぜか。 → 電流を流しやすくするため。
- □③ ②で陽極側に発生する気体の名称を書け。 → 酸素
- □④ ②で陰極側に発生する気体の化学式を書け。 → H_2
- □⑤ 鉄の原子の記号は何か。 → Fe
- □⑥ 酸素分子は，酸素原子がいくつ結びついてできているか。 → 2個
- □⑦ 水素，水，マグネシウム，塩化ナトリウムのうち，単体をすべて書け。 → 水素，マグネシウム

要点チェック

❶分解

* 化学変化：もとの物質とは性質の異なる別の物質になる変化。
* 分解：1種類の物質が2種類以上の物質になる化学変化。

- 炭酸水素ナトリウムの性質

  水に少しとけ，水溶液は弱いアルカリ性を示す

- 加熱後試験管に残った白い固体（炭酸ナトリウム）の性質

  水によくとけ，水溶液は強いアルカリ性を示す

炭酸水素ナトリウムの分解（熱分解）

- 炭酸水素ナトリウムを加熱する
- 水がつく → 塩化コバルト紙を赤くする
- 白い固体が残る
- 二酸化炭素が発生 → 石灰水を白くにごらせる

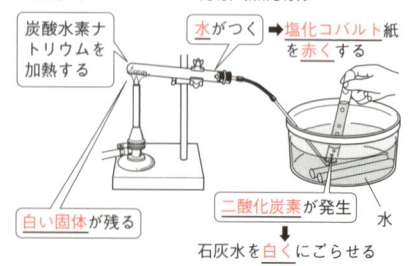

加熱する試験管の口を少し下げる→発生した水が加熱した試験管に流れこみ，試験管が割れるのを防ぐ

火を消す前に，ガラス管を水の中から出す→水そうの水が加熱した試験管に流れこみ，試験管が割れるのを防ぐ

* **電気分解**：物質に電流を流して分解すること。

水の電気分解

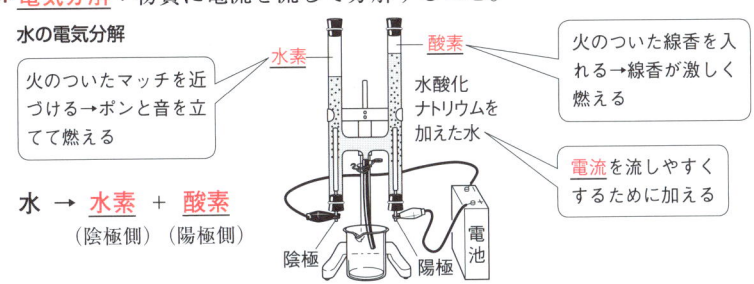

- 水素（陰極側）：火のついたマッチを近づける→ポンと音を立てて燃える
- 酸素（陽極側）：火のついた線香を入れる→線香が激しく燃える
- 水酸化ナトリウムを加えた水：電流を流しやすくするために加える

水 → 水素 ＋ 酸素
　　（陰極側）（陽極側）

* **塩化銅水溶液の電気分解**…塩化銅 → 銅（陰極側） ＋ 塩素（陽極側）

❷ 原子・分子

* **原子**：物質をつくっている最も小さい粒子。→化学変化によって、それ以上分割できず、ほかの種類の原子に変わったり、なくなったり、新しくできたりしない。原子の種類によって、質量や大きさが決まっている。
* **分子**：物質の性質を示す最小の粒子。いくつかの原子が結びついている。
* **原子の記号**：原子の種類をアルファベットの1または2文字からなる記号で表したもの→原子の記号を使って物質を表した式を化学式という。

原子の記号（1文字目は大文字、2文字目は小文字で書く）
水素 H　鉄 Fe

化学式
2H₂O　→水の分子が2個
（水素原子が2個(H₂)と酸素原子が1個(O)でできている）

物質	記号	物質	記号
ナトリウム	Na	酸素	O
マグネシウム	Mg	炭素	C
カルシウム	Ca	窒素	N

物質	化学式	物質	化学式
水素	H₂	アンモニア	NH₃
酸素	O₂	酸化銅	CuO
二酸化炭素	CO₂	マグネシウム	Mg

❸ 物質の分類

* **単体**：1種類の原子だけでできている物質。
* **化合物**：2種類以上の原子でできている物質。

	分子をつくる物質	分子をつくらない物質
単体	H₂, O₂ など	Cu, Mg など
化合物	CO₂, H₂O, NH₃ など	NaCl, CuO など

物質
- 純粋な物質（純物質）
  - 単体
  - 化合物
- 混合物 ── 塩化ナトリウム水溶液（NaClとH₂O），空気など

理科

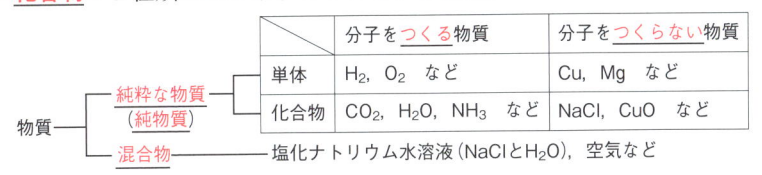

13 いろいろな化学変化

実力チェック

□① 鉄粉と硫黄の粉末の混合物をアルミニウムはくの筒につめ，加熱してできる物質は何か。 → 硫化鉄

□② 水素と酸素が化合して水ができる化学変化を，化学反応式で書け。 → $2H_2 + O_2 \rightarrow 2H_2O$

□③ 水素と酸素が化合するとき，酸素1分子から水の分子は何個できるか。 → 2個

□④ スチールウールを燃やしてできる黒っぽい物質は，鉄と何が結合してできた物質か。 → 酸素

□⑤ ④の物質と結合する化学変化を何というか。 → 酸化

□⑥ 酸化銅と炭素を混ぜて熱して発生する気体は何か。 → 二酸化炭素

□⑦ ⑥の実験で還元された物質は何か。 → 酸化銅

□⑧ 水酸化バリウムと塩化アンモニウムを混ぜ合わせると起こる反応は，発熱反応か吸熱反応か。 → 吸熱反応

要点チェック

❶化合

* **化合**：2種類以上の物質が結びついて新しい物質ができる化学反応。化合によってできた物質を**化合物**という。

* 鉄と硫黄が化合すると<u>硫化鉄</u>ができる。　　　鉄 + 硫黄 → <u>硫化鉄</u>

  鉄原子1個(Fe)は硫黄原子1個(S)と反応。　$Fe + S \rightarrow FeS$

鉄と硫黄の混合物をアルミニウムはくの筒につめて加熱する
↓
加熱をやめても発生した<u>熱</u>で反応が続く

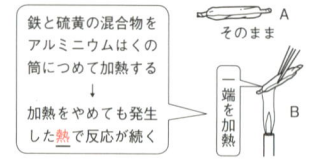

		A(反応前)	B(反応後)
色		黄灰色	黒色
磁石へのつき方		つく	つかない
塩酸を加えたときに発生する気体	におい	においはない	においはある
	気体名	水素	硫化水素

❷化学反応式

* <u>化学反応式</u>：化学式を使って化学変化を表した式。

*化学反応式の書き方の手順

① 「反応前の物質名」→「反応後の物質名」を書く。
② 物質名を化学式で表す。
③ 反応の前後で原子の種類と各原子の数が等しくなるように、化学式の前に数字をつける。1は省略。

例 水素と酸素の化合の化学反応式
① 水素 + 酸素 → 水
② H_2 + O_2 → H_2O
③ $2H_2$ + O_2 → $2H_2O$

❸ 酸化と還元

* **酸化**：物質が酸素と化合すること。→ できた化合物を酸化物という。

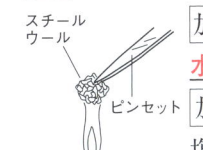

加熱前の物質（鉄）→ 磁石につく。塩酸に入れると水素を発生。

加熱後の物質（酸化鉄）→ 黒色。磁石につかない。塩酸に入れても気体は発生しない。指でもむとくずれる。

鉄 + 酸素（空気中の酸素）→ 酸化鉄

* **燃焼**：物質が熱と光を出しながら激しく酸素と化合（酸化）すること。

マグネシウム + 酸素 → 酸化マグネシウム + 熱 光
$2Mg$ + O_2 → $2MgO$

* **炭素と酸素の化合**〔木や木炭（主成分は炭素）を燃やす → CO_2 が発生〕

炭素 + 酸素 → 二酸化炭素　　C + O_2 → CO_2

* **水素と酸素の化合**（水素と酸素の混合気体に点火→爆発：水ができる）

水素 + 酸素 → 水
$2H_2$ + O_2 → $2H_2O$

水の電気分解とは逆の反応

* **還元**：酸化物が酸素をうばわれる化学変化。

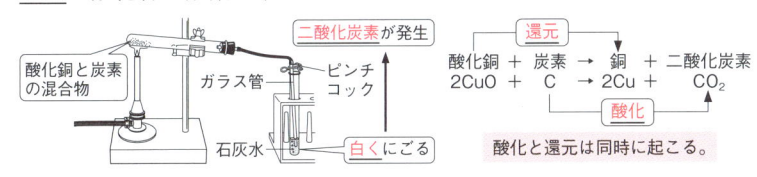

二酸化炭素が発生
石灰水 → 白くにごる

　　　　還元
酸化銅 + 炭素 → 銅 + 二酸化炭素
$2CuO$ + C → $2Cu$ + CO_2
　　　　酸化

酸化と還元は同時に起こる。

❹ 化学変化と熱の出入り

* **発熱反応**：化学変化で、まわりに熱を出す反応。例 鉄と酸素の化合
* **吸熱反応**：化学変化で、まわりから熱をうばう反応。
　例 水酸化バリウムと塩化アンモニウムを混ぜたときの反応

93

14 化学変化と物質の質量

実力チェック

□① 空気中で炭酸水素ナトリウムとうすい塩酸を反応させると，反応後の全体の質量は反応前と比べてどうなるか。 —— 小さくなる。

□② 密閉容器の中で①の反応をさせたとき，反応後の全体の質量は，反応前と比べてどうなるか。 —— 変わらない。

□③ 化学変化の前後で，物質全体の質量が変わらないことを，何の法則というか。 —— 質量保存の法則

□④ 右図は，銅の質量と酸素と化合してできた酸化銅の質量の関係を表す。銅0.8gと化合する酸素の質量は最大何gか。 —— 0.2g(1.0－0.8)

□⑤ グラフから，銅の質量と酸化銅の質量の割合は，何対何とわかるか。 —— 4：5(0.8:1.0)

要点チェック

❶化学変化と質量の変化

気体の出入りがない化学変化
うすい硫酸　うすい水酸化バリウム水溶液
白色沈殿（硫酸バリウム）
混ぜ合わせる
電子てんびん
質量は変わらない

気体が発生する化学変化
うすい塩酸
炭酸水素ナトリウム
混ぜ合わせる
二酸化炭素が発生
発生した二酸化炭素の分だけ質量は小さくなる

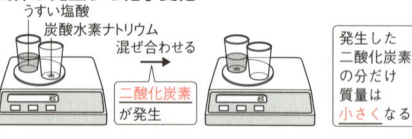

気体がとりこまれる化学変化
例 マグネシウムの酸化

とりこんだ気体の分だけ質量は大きくなる

↓

密閉状態で反応させると質量は変わらない

＊**質量保存の法則**：化学変化では，反応の前後で物質全体の質量は変わらない。状態変化など，物質の変化すべてになりたつ。

❷化合する物質の質量の割合

銅やマグネシウムの粉末を熱したときの質量の変化

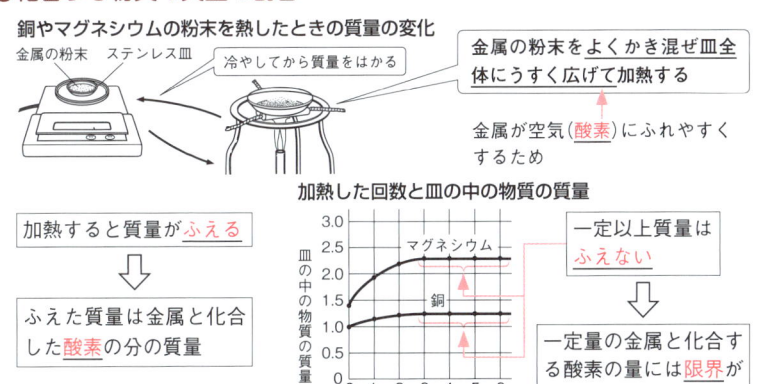

金属の粉末 / ステンレス皿 / 冷やしてから質量をはかる

金属の粉末をよくかき混ぜ皿全体にうすく広げて加熱する

金属が空気(酸素)にふれやすくするため

加熱すると質量がふえる
⇩
ふえた質量は金属と化合した酸素の分の質量

加熱した回数と皿の中の物質の質量

一定以上質量はふえない
⇩
一定量の金属と化合する酸素の量には限界がある

* 反応する2種類の原子どうしは、決まった割合で結びつく。

例 酸化銅(CuO)の場合、銅原子1個(Cu)は酸素原子1個(O)と反応

* 金属と酸素が化合してできた化合物の質量の割合は一定である。

金属と化合物の質量の関係 ⇒ 比例関係

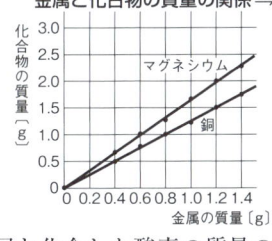

マグネシウム：酸化マグネシウム
$= 0.6 : 1.0 = 3 : 5$

銅：酸化銅 $= 0.8 : 1.0 = 4 : 5$

* 金属と化合した酸素の質量の割合は一定である。

金属と化合した酸素の質量の関係 ⇒ 比例関係

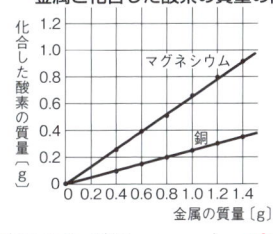

マグネシウム：酸素 $= 0.6 : 0.4$
$= 3 : 2$

銅：酸素 $= 0.8 : 0.2 = 4 : 1$

* 2種類の物質は、いつも一定の質量の割合で化合する。

15 水溶液とイオン／電池

実力チェック

- ①原子の中心にあり，＋の電気を帯びた粒子は何か。 　**陽子**
- ②水にとかしたとき電流が流れる物質を何というか。 　**電解質**
- ③原子が電子を受けとって，－の電気を帯びたものを何というか。 　**陰イオン**
- ④水素イオンをイオン式で表せ。 　**H⁺**
- ⑤Cu^{2+}は銅原子が電子を何個失ったものか。 　**２個**
- ⑥塩化銅水溶液を電気分解したとき，陰（－）極にはどのような変化が起こるか。 　**赤褐色（赤色）の物質（銅）が付着**
- ⑦うすい塩酸に銅板と亜鉛板を入れて電流をとり出すとき，亜鉛板は＋極になるか，－極になるか。 　**－極**
- ⑧電池は，何エネルギーを電気エネルギーに変換させる装置か。 　**化学エネルギー**
- ⑨水の電気分解と逆の化学変化を利用して，電気エネルギーをとり出す装置を何というか。 　**燃料電池**

要点チェック

❶原子の構造とイオン

ヘリウム原子と原子核の場合

- 陽子 ＝ ＋の電気を帯びている
- 中性子 ＝ 電気を帯びていない
- 電子 ＝ －の電気を帯びている
- 原子核 ＝ ＋の電気を帯びている
- 全体としては電気を帯びて**いない**

陽イオンのでき方（ナトリウム原子の場合）

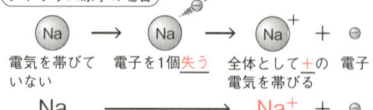

Na → Na → Na⁺ ＋ ⊖
電気を帯びて　電子を1個**失う**　全体として**＋**の　電子
いない　　　　　　　　　　　　電気を帯びる

Na ＋ ⊖ → **Na⁺** ＋ ⊖
ナトリウム原子　　　　ナトリウムイオン　電子

例 H⁺, Cu^{2+}（電子を**2**個失う）など

陰イオンのでき方（塩素原子の場合）

Cl ＋ ⊖ → Cl → Cl⁻
電気を帯びて　電子　電子を1個　全体として**－**の
いない　　　　　　　**受けとる**　電気を帯びる

Cl ＋ ⊖ → **Cl⁻**
塩素原子　電子　　**塩化物**イオン

例 Cl⁻, OH⁻（<u>水酸化物イオン</u>）など

❷水溶液とイオン

* **電離**：物質が水にとけて陽イオンと陰イオンに分かれること。
* **電解質**：水にとかしたとき電流が流れる物質。例 塩化ナトリウムなど
* **非電解質**：水にとかしても電流が流ない。例 砂糖，エタノールなど

* **塩化銅水溶液の電気分解**

  電離の式：$CuCl_2 \rightarrow Cu^{2+} + 2Cl^-$
  化学反応式：$CuCl_2 \rightarrow Cu + Cl_2$

陰（-）極	銅が付着 →こすると金属光沢
陽（+）極	塩素（Cl_2）が発生

* **塩酸の電気分解**

  電離の式：$HCl \rightarrow H^+ + Cl^-$
  化学反応式：$2HCl \rightarrow H_2 + Cl_2$

陰（-）極	水素（H_2）が発生
陽（+）極	塩素（Cl_2）が発生

❸電池とイオン

備長炭とアルミニウムはくを使った電池

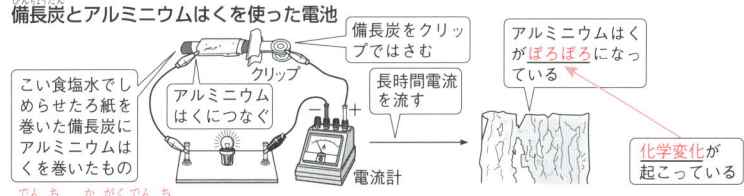

こい食塩水でしめらせたろ紙を巻いた備長炭にアルミニウムはくを巻いたもの / アルミニウムはくにつなぐ / 備長炭をクリップではさむ / クリップ / 長時間電流を流す / 電流計 → アルミニウムはくがぼろぼろになっている / 化学変化が起こっている

* **電池（化学電池）**：2種類の金属と電解質の水溶液を使って，電気をとり出す装置。
  →化学エネルギーを電気エネルギーに変換する。

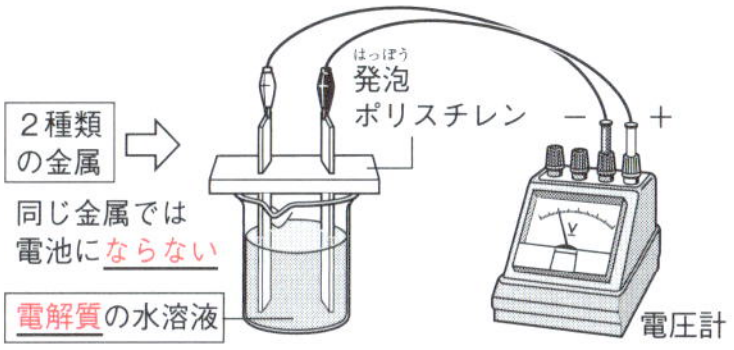

2種類の金属 ⇒ 発泡ポリスチレン / 同じ金属では電池にならない / 電解質の水溶液 / 電圧計

* 銅板と亜鉛板を使った電池
  -極…亜鉛板　+極…銅板
  電子の移動の向き（亜鉛板→導線→銅板）：電流の向きとは反対。

* **燃料電池**：水の電気分解と逆の化学変化を利用した電池。

  水素 + 酸素 → 水 + 電気エネルギー

うすい塩酸に亜鉛板と銅板を入れた電池

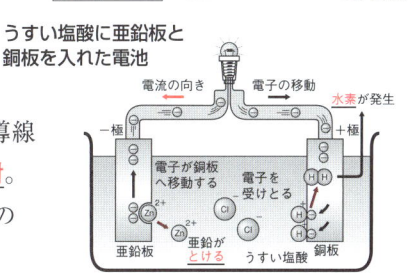

電流の向き / 電子の移動 / 水素が発生 / -極 / +極 / 電子が銅板へ移動する / 電子を受けとる / 亜鉛がとける / 亜鉛板 / うすい塩酸 / 銅板

亜鉛板：$Zn \rightarrow Zn^{2+} + \ominus\ominus$
銅　板：$2H^+ + \ominus\ominus \rightarrow (2H) \rightarrow H_2$

16 酸, アルカリとイオン

実力チェック

□① 酸性の水溶液をリトマス紙につけると，何色が何色に変わるか。 — 青色が赤色に変わる。

□② フェノールフタレイン(溶)液を赤色に変化させるのは酸性，アルカリ性どちらの水溶液か。 — アルカリ性の水溶液

□③ 酸性の水溶液に共通して含まれているイオンのイオン式を書け。 — H^+

□④ アルカリ性の水溶液に共通して含まれるイオンの名称を書け。 — 水酸化物イオン

□⑤ 右図のように，BTB(溶)液を入れた塩酸に水酸化ナトリウム水溶液を加えていった。Aにマグネシウムリボンを入れると発生する気体は何か。 — 水素(H_2)

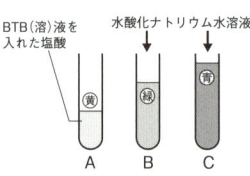

□⑥ Bの水溶液の水分を蒸発させて出てくる白い結晶は何か。化学式で書け。 — NaCl

要点チェック

❶ 酸とアルカリ

＊水溶液の性質

	酸性	中性	アルカリ性
リトマス紙	(青)→赤(赤…変化なし)	(青, 赤…変化なし)	(赤)→青(青…変化なし)
BTB(溶)液	黄	緑	青
マグネシウムリボン	水素が発生	変化なし	変化なし
電流	流れる	流れるものと流れないものがある	流れる
フェノールフタレイン(溶)液	無色	無色	赤
pH	7より小さい	7	7より大きい
例	塩酸, 硫酸 酢酸(食酢)など	塩化ナトリウム水溶液 砂糖水など	水酸化ナトリウム水溶液 アンモニア水など

* <u>酸</u>：水溶液にしたとき，電離して水素イオン(H⁺)を生じる物質。水溶液は<u>酸性</u>を示す。　酸 → <u>水素イオン</u>(H⁺) + 陰イオン
* <u>アルカリ</u>：水溶液にしたとき，電離して水酸化物イオン(OH⁻)を生じる物質。水溶液は<u>アルカリ性</u>を示す。

  アルカリ → 陽イオン + <u>水酸化物イオン</u>(OH⁻)
* <u>pH</u>：水溶液の酸性やアルカリ性の程度を示す値。(P98の表参照。)

❷中和，塩

塩酸に水酸化ナトリウム水溶液を加えたときのようす

←中和が起こっている→ ←中和は起こっていない→
酸性 → 中性 → アルカリ性

BTB(溶)液を加えた塩酸（黄）→ うすい黄 → 緑 → うすい青 → 青

・酸性の水溶液にマグネシウムリボンを入れると<u>水素</u>を発生する

塩化ナトリウム水溶液 ⇒ 水分を蒸発させると<u>塩化ナトリウム(NaCl)</u>の白い結晶が残る

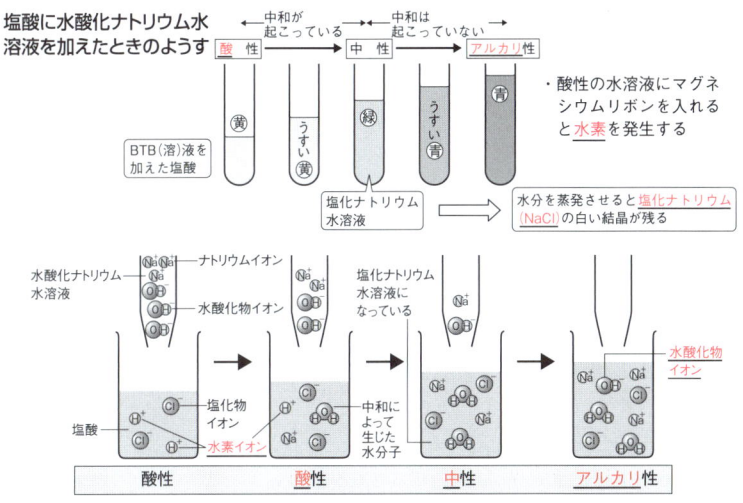

* <u>中和</u>：酸性の水溶液とアルカリ性の水溶液を混ぜ合わせたときに起こる，それぞれの性質を打ち消し合う反応。<u>水</u>と<u>塩</u>ができる。

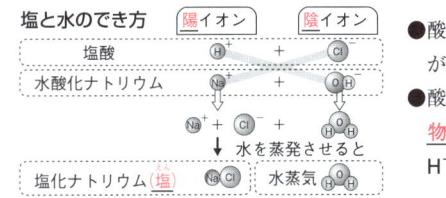

塩と水のでき方

	陽イオン		陰イオン
塩酸	H	+	Cl
水酸化ナトリウム	Na	+	OH

↓
Na⁺ + Cl⁻ + 水を蒸発させると
塩化ナトリウム(塩) NaCl　水蒸気 H₂O

● 酸の<u>陰イオン</u>とアルカリの<u>陽イオン</u>が結びついて塩ができる。

● 酸の<u>水素イオン</u>とアルカリの<u>水酸化物イオン</u>が結びついて水ができる。
H⁺ + OH⁻ → <u>H₂O</u>

* 硫酸と水酸化バリウム水溶液を中和させると<u>硫酸バリウム</u>という塩ができる。この塩は白色で水にとけにくく<u>沈殿</u>する。

17 植物の世界①

実力チェック

- □① 花粉がめしべの柱頭につくことを何というか。 —— 受粉
- □② ①のあと，種子になるのはめしべの中の何か。 —— 胚珠
- □③ マツの花で，胚珠があるのは雌花か，雄花か。 —— 雌花
- □④ 植物が日光を受けて，デンプンなどをつくる部分を何というか。また，そのはたらきを何というか。 —— 葉緑体／光合成
- □⑤ 根が吸収した水が通る管を図のA～Dから2つ選び，名称も書け。 —— B, D／道管
- □⑥ 根にある白い綿毛のようなものを何というか。 —— 根毛

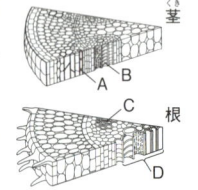

要点チェック

❶花のつくりとはたらき

* **種子植物**：種子をつくる植物。被子植物と裸子植物。
* **被子植物**：胚珠が子房に包まれている。
  ・花粉はおしべの先のやくの中にできる。
  ・受粉：花粉が柱頭につくこと。
  →子房は果実，胚珠は種子になる。
* **裸子植物**：胚珠がむき出し。
  ・花粉は花粉のうの中にできる。
  ・受粉後，胚珠は種子になる。→子房がないので，果実はできない。

❷根・茎・葉のつくり

* **根**は体を支え，水や肥料分を吸収する。
* **根毛**：根の先端に多数ある。→根の表面積が広くなる。

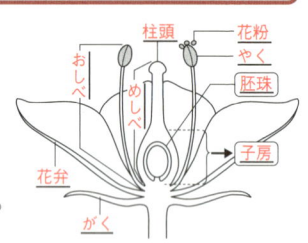

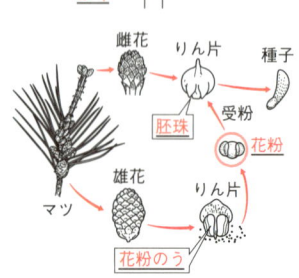

葉のつくり

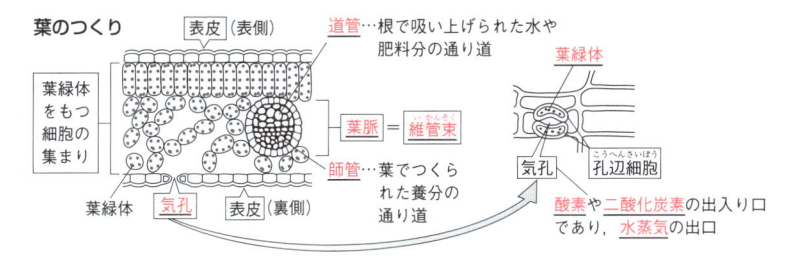

- 表皮（表側）
- 道管…根で吸い上げられた水や肥料分の通り道
- 葉緑体をもつ細胞の集まり
- 葉脈 = 維管束
- 師管…葉でつくられた養分の通り道
- 葉緑体
- 気孔
- 表皮（裏側）
- 孔辺細胞
- 気孔：酸素や二酸化炭素の出入り口であり，水蒸気の出口

・道管は茎の内側，葉の表側を，師管は茎の外側，葉の裏側を通る

❸葉のはたらき

*蒸散：気孔から水を水蒸気として出すはたらき。→気孔は葉の裏側に多い。

*光合成：植物が葉緑体で光を受け，水と二酸化炭素を原料にして，デンプンなどの養分や酸素をつくるはたらき。

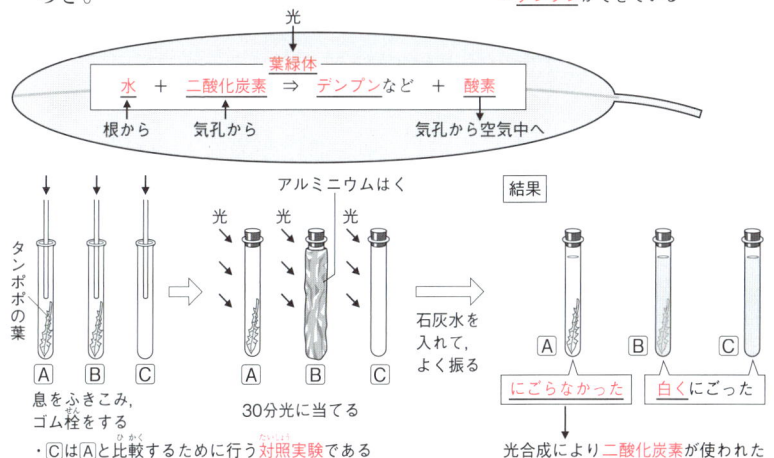

（図：ふ入りのコリウスの葉→アルミニウムはく→熱湯にひたす→エタノール→水で洗う→ヨウ素（溶）液→青紫色に染まる→デンプンができている）

葉緑体
水 + 二酸化炭素 ⇒ デンプンなど + 酸素
根から　気孔から　　　　　　　気孔から空気中へ

（実験図：タンポポの葉 A・B・C 試験管、息をふきこみ、ゴム栓をする→30分光に当てる（Bはアルミニウムはく）→石灰水を入れて，よく振る→結果 Aにごらなかった、B白くにごった）

・CはAと比較するために行う対照実験である

↓
光合成により二酸化炭素が使われた

*植物も動物と同じように，一日中，呼吸（酸素を吸収し，二酸化炭素を出す）を行っている。→光合成は光が当たるときだけ行われる。

18 植物の世界②

実力チェック

- □①子房がなく,胚珠がむき出しの植物を何というか。 — 裸子植物
- □②単子葉類の葉脈には,どのような特徴があるか。 — 平行に通る。
- □③双子葉類のうち,花弁が分かれているものを何というか。 — 離弁花(類)
- □④主根と側根があるのは単子葉類か,双子葉類か。 — 双子葉類
- □⑤種子をつくらない植物は何でなかまをふやすか。 — 胞子
- □⑥シダ植物とコケ植物のうち,維管束があるのはどちらか。 — シダ植物

要点チェック

❶種子植物

* 胚珠が子房に包まれている<u>被子植物</u>と,胚珠がむき出しの<u>裸子植物</u>。

❷被子植物(単子葉類と双子葉類)

	子葉	葉	根	茎
単子葉類	1枚	葉脈は平行	ひげ根	維管束はばらばら
双子葉類	2枚	葉脈は網目状	主根と側根	維管束は輪の形

* <u>単子葉類</u>:子葉が1枚の植物。
* <u>双子葉類</u>:子葉が2枚の植物。→<u>離弁花類</u>(花弁が1枚ずつ分かれている)と<u>合弁花類</u>(花弁が1枚につながっている)がある。

❸種子をつくらない植物

シダ植物 葉の裏側に胞子のうをつける

葉／葉の柄／茎／根／胞子のう／葉の裏／胞子／胞子のう

コケ植物 ゼニゴケのなかま

かさの下／胞子のう／胞子／雌株／雄株／仮根／体を固定

雄株と雌株に分かれ、胞子は雌株にできる

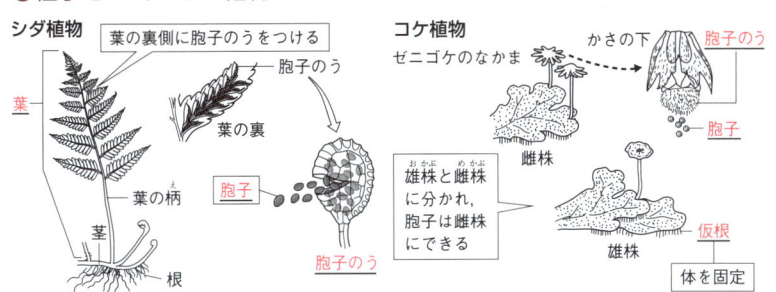

* **シダ植物**には、葉・茎・根の区別があり、維管束がある。
* **コケ植物**には、葉・茎・根の区別がなく、維管束もない。

❹植物の分類

```
        胞子                              種子
種子をつくらない植物                    種子植物
     胞子でふえる                       種子をつくる
                                          ↓
                                         胚珠
                              ┌────────────┴────────────┐
                           裸子植物                    被子植物
                          胚珠はむき出し              胚珠は子房の中
                                                         ↓
                                                      葉、茎、根
                                              ┌──────────┴──────────┐
                                           単子葉類               双子葉類
                                         ●子葉は1枚            ●子葉は2枚
                                         ●葉脈は平行に通る    ●葉脈は網目状に通る
                                         ●茎の維管束は        ●茎の維管束は
                                           散らばっている        輪の形に並ぶ
                                         ●根はひげ根          ●根は主根と側根
                                                                     ↓
                                                                    花弁
                                                            ┌────────┴────────┐
                                                         離弁花類         合弁花類
                                                        花弁は           花弁は
                                                        分かれている   くっついている
      ↓
   葉、茎、根
 ┌────┴────┐
コケ植物  シダ植物
●葉、茎、根の  ●葉、茎、根の
 区別がない     区別がある
●維管束がない  ●維管束がある
```

コケ植物	シダ植物	裸子植物	単子葉類	離弁花類	合弁花類
エゾスナゴケ、ゼニゴケ など	イヌワラビ、ゼンマイ など	イチョウ、マツ など	トウモロコシ、ユリ など	アブラナ、サクラ など	アサガオ、サツキ など

理科

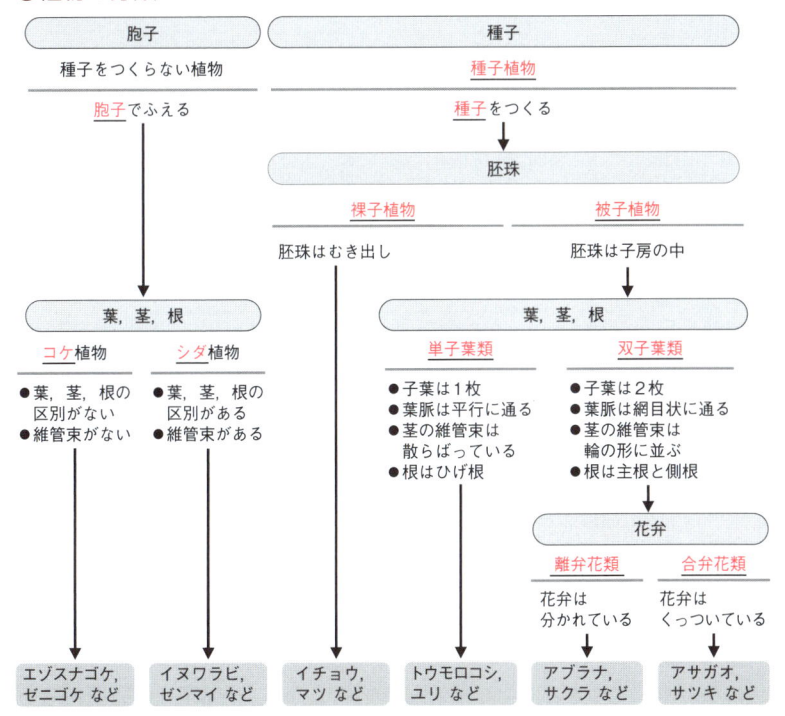

19 動物の世界①

実力チェック

- □① だ液に含まれる消化酵素を何というか。 → **アミラーゼ**
- □② 小腸の柔毛の毛細血管に吸収される物質は何か。名称を2つ書け。 → **ブドウ糖** / **アミノ酸**
- □③ 肺では酸素と何という気体が交換されるか。 → **二酸化炭素**
- □④ 赤血球に含まれる酸素を運ぶ赤い物質は何か。 → **ヘモグロビン**
- □⑤ 血管からしみ出て細胞のまわりを満たす液は何か。 → **組織液**
- □⑥ 体に有害なアンモニアは肝臓で何に変えられるか。 → **尿素**

要点チェック

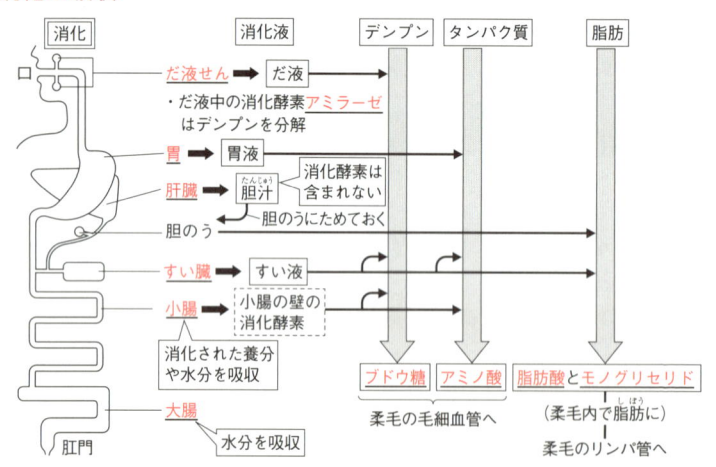

❶消化と吸収

| 消化 | 消化液 | デンプン | タンパク質 | 脂肪 |

- だ液せん → だ液
  - だ液中の消化酵素**アミラーゼ**はデンプンを分解
- 胃 → 胃液
- 肝臓 → 胆汁（消化酵素は含まれない） → 胆のうにためておく
- 胆のう
- すい臓 → すい液
- 小腸 → 小腸の壁の消化酵素
  - 消化された養分や水分を吸収
- 大腸 → 水分を吸収
- 肛門

→ **ブドウ糖**　**アミノ酸**　**脂肪酸**と**モノグリセリド**
　柔毛の毛細血管へ　　　（柔毛内で脂肪に）
　　　　　　　　　　　　柔毛のリンパ管へ

* **消化**：**消化液**や消化液に含まれる**消化酵素**などのはたらきで、食物を体にとり入れやすい物質に変えるはたらき。
* **消化管**：口から食道、胃、小腸、大腸、肛門までの一本の管。
* **吸収**：消化された物質は小腸の壁の**柔毛**から体内に吸収される。小腸にひだや柔毛があることで表面積が**大きく**なる。→効率よく吸収できる。

＊デンプン溶液とだ液を混ぜたものにベネジクト液を加えて加熱→赤褐色の沈殿→だ液でデンプンが分解された。

❷呼吸

＊肺はたくさんの肺胞からできている。→肺胞によって表面積が大きくなる。→酸素と二酸化炭素の交換が効率よくできる。

＊細胞は酸素を使って養分を分解し，エネルギーをとり出している。このとき，二酸化炭素と水ができる。

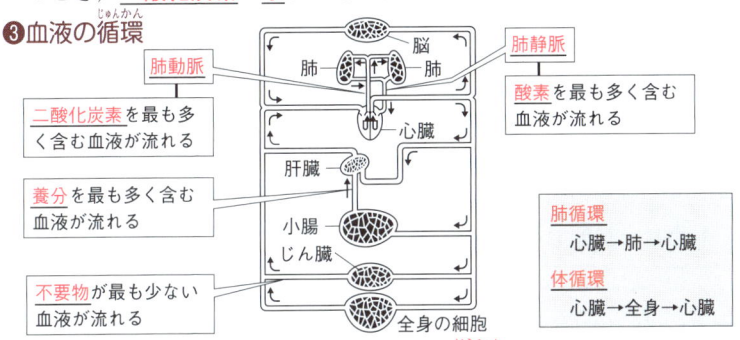

❸血液の循環

- 肺動脈
- 肺静脈：酸素を最も多く含む血液が流れる
- 二酸化炭素を最も多く含む血液が流れる
- 養分を最も多く含む血液が流れる
- 不要物が最も少ない血液が流れる
- 脳／肺／心臓／肝臓／小腸／じん臓／全身の細胞

肺循環　心臓→肺→心臓
体循環　心臓→全身→心臓

＊心臓から送り出される血液が通る血管を動脈，心臓にもどる血液が通る血管を静脈という。

＊酸素の多い血液を動脈血，酸素の少ない血液を静脈血という。

❹血液の成分とはたらき

＊赤血球：ヘモグロビン（赤い物質）を含み，酸素を運ぶ。
＊白血球：体内に侵入してきた細菌などを食べ，からだを守る。
＊血小板：出血したとき，血液を固める。
＊血しょう：養分や不要物を運ぶ。→毛細血管からしみ出たものを組織液（血液と細胞の間で物質のやりとりのなかだちをする）という。

❺排出

＊体内にできた有害なアンモニアは，肝臓で害の少ない尿素につくり変えられる。肝臓には，胆汁をつくる，養分をたくわえる，はたらきもある。

＊血液中の尿素などの不要物はじん臓でこし出され，尿として排出される。

105

20 動物の世界②

実力チェック

□①熱いものにふれたとき、思わず手を引っこめるといった無意識に起こる反応を何というか。 　**反射**

□②①の刺激と反応の伝わり方を、図のように表した。ア〜ウに入る器官はそれぞれ何か。

刺激 → 感覚器官 → ア
反応 ← 運動器官 ← ウ
（イ）

ア 感覚神経
イ せきずい
ウ 運動神経

□③セキツイ動物は5つのグループに分類できる。子と親で呼吸のしかたが変わるものは何類か。 　**両生類**

□④シソチョウのくちばしや羽毛、つばさといった特徴は、何類のものか。 　**鳥類**

要点チェック

❶刺激と反応

* **感覚器官**：目、鼻、舌、耳、皮膚など刺激を受けとる器官。目では**網膜**上に像を結ぶ。耳では音の振動を**鼓膜**でとらえる。

* **中枢神経**：判断や命令を行う**脳**や**せきずい**。

* **末しょう神経**：中枢神経から枝分かれして全身に広がる神経。**感覚神経**、**運動神経**など。

意識して起こす行動
大脳→判断・命令をする
刺激
筋肉など
背側　せきずい
感覚器官　感覚神経
腹側　運動神経

* **反射**：命令は**せきずい**が出す。反応が起こるまでの時間が短いので、危険から身を守ることに役立つ。

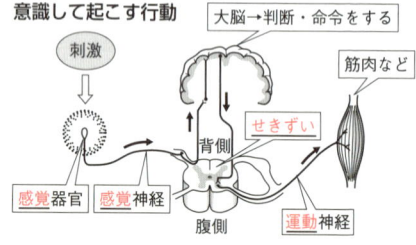

無意識に起こる反応（反射）
感覚神経
せきずい
背側
腹側　運動神経
熱いものをさわって手をひっこめた
せきずいで判断・命令するので無意識に起こる

❷骨と筋肉
* 筋肉の両端の<u>けん</u>は，<u>関節</u>をはさんで2つの骨についている。
* 手や足などの<u>運動器官</u>は，対になった筋肉のどちらかが縮むことで，<u>関節</u>のところで曲げのばしできる。

❸セキツイ動物
* <u>セキツイ動物</u>：背骨のある動物。

	呼吸	体表	うまれ方	体温
<u>魚類</u>	<u>えら</u>	うろこ	<u>卵生</u>	<u>変温</u>
<u>両生類</u>	幼生 <u>えら</u> 成体 <u>肺</u>と<u>皮膚</u>	しめった皮膚 (乾燥に弱い)	<u>卵生</u>	<u>変温</u>
<u>ハチュウ類</u>	<u>肺</u>	うろこ，こうら	<u>卵生</u>	<u>変温</u>
<u>鳥類</u>	<u>肺</u>	羽毛	<u>卵生</u>	<u>恒温</u>
<u>ホニュウ類</u>	<u>肺</u>	毛	<u>胎生</u>	<u>恒温</u>

* <u>卵生</u>：親が卵をうんで，卵から子がかえるうまれ方。
* <u>胎生</u>：母体内で子をある程度育ててから，子がうまれるうまれ方。
* <u>変温動物</u>：環境の温度の変化にともなって体温が変化する動物。
* <u>恒温動物</u>：環境の温度が変化しても体温を一定に保つ動物。

❹無セキツイ動物
* <u>無セキツイ動物</u>：背骨のない動物。
* <u>節足動物</u>：体が<u>外骨格</u>でおおわれ，体やあしに節がある動物。例昆虫類，甲殻類など
* <u>軟体動物</u>：内臓が<u>外とう膜</u>でおおわれている動物。例イカ，貝など

❺生物の進化
* <u>進化</u>：生物が長い年月をかけて代を重ねる間に変化すること。→水中生活をする魚類から陸上生活に合うように体のしくみが進化。
* <u>シソチョウ</u>：<u>鳥類</u>と<u>ハチュウ類</u>の特徴をもつ生物。→進化の証拠。
* <u>相同器官</u>：現在の形やはたらきは異なっていても，もとは同じ器官であったと考えられるもの。例カエルやワニの前あし，スズメやコウモリのつばさ，クジラのひれ，ヒトのうでなどの骨格

21 細胞と生物のふえ方①

実力チェック

- □①植物の細胞にはあるが，動物の細胞にはないつくりは何か。名称を3つ書け。 —— 葉緑体，細胞壁，液胞
- □②酢酸オルセインや酢酸カーミンによく染まる細胞のつくりを何というか。 —— 核
- □③タマネギの根の細胞分裂を観察するのに適しているのは，根の先端に近い部分と根もとのどちらか。 —— 根の先端に近い部分
- □④体細胞分裂でできた核と，もとの細胞の核の染色体の数は同じか，違うか。 —— 同じ

要点チェック

❶生物と細胞

植物の細胞／共通／動物の細胞

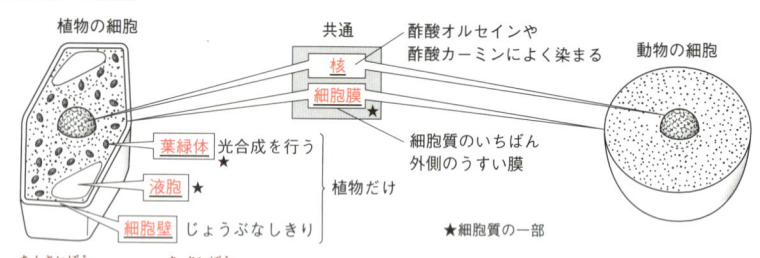

- 核：酢酸オルセインや酢酸カーミンによく染まる
- 細胞膜：細胞質のいちばん外側のうすい膜
- 葉緑体：光合成を行う ★
- 液胞 ★
- 細胞壁：じょうぶなしきり

植物だけ

★細胞質の一部

❷単細胞生物と多細胞生物

* <u>単細胞生物</u>：体が1つの細胞でできている生物。ゾウリムシなど。
* <u>多細胞生物</u>：体がたくさんの細胞でできている生物。

❸細胞の観察

* タマネギの根の先端をうすい<u>塩酸</u>に入れてあたためる。→ひとつひとつの細胞が<u>離れやすくなる</u>。
* 根の先端に近い部分は<u>小さい</u>細胞が多い。
  →細胞分裂がさかん（細胞が<u>ふえている</u>）。

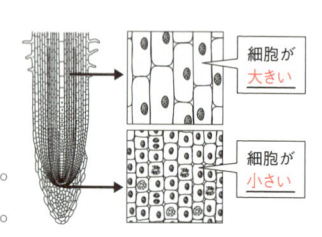

細胞が大きい／細胞が小さい

108

❹細胞分裂と成長

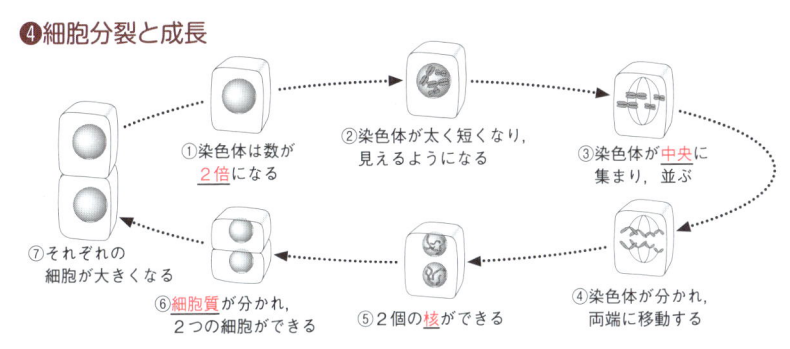

①染色体は数が2倍になる
②染色体が太く短くなり,見えるようになる
③染色体が中央に集まり,並ぶ
④染色体が分かれ,両端に移動する
⑤2個の核ができる
⑥細胞質が分かれ,2つの細胞ができる
⑦それぞれの細胞が大きくなる

*体細胞分裂：体をつくる細胞の細胞分裂。→細胞分裂で数がふえるとともに，ふえた細胞が大きくなることで成長する。

❺生殖

*生殖細胞：動物の卵や精子，植物の卵細胞や精細胞など，生殖のための特別な細胞。…生殖細胞が受精して子孫を残すことを有性生殖という。

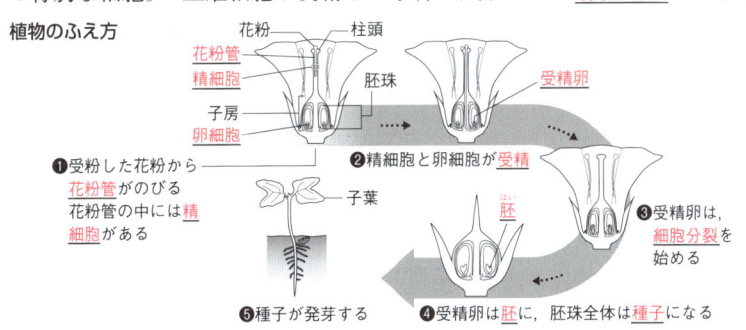

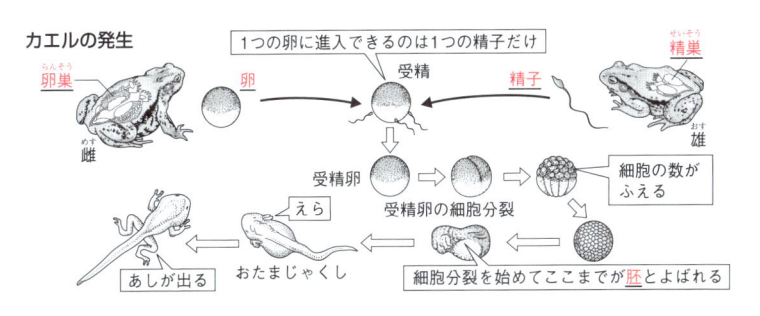

植物のふえ方

❶受粉した花粉から花粉管がのびる 花粉管の中には精細胞がある
❷精細胞と卵細胞が受精
❸受精卵は，細胞分裂を始める
❹受精卵は胚に，胚珠全体は種子になる
❺種子が発芽する

カエルの発生

1つの卵に進入できるのは1つの精子だけ

卵巣　雌
精巣　雄
卵　受精　精子
受精卵
受精卵の細胞分裂
細胞の数がふえる
細胞分裂を始めてここまでが胚とよばれる
おたまじゃくし
えら
あしが出る

109

22 細胞と生物のふえ方②

実力チェック

□①アメーバの分裂のようなふえ方では，子に現れる形質は，親と比べてどうなるか。 — 同じになる。(変わらない。)

□②生殖細胞の受精による生殖では，親に見られない形質が見られることがあるか。 — ある。

□③生殖細胞をつくるとき，染色体の数が半分になる細胞分裂を何というか。また，このとき対になっていた遺伝子が別々の生殖細胞に入ることを何というか。 — 減数分裂／分離の法則

□④右図のように，純系のエンドウをかけ合わせたとき，子の丸形の遺伝子の組み合わせを記号で表せ。ただし，丸形の遺伝子をA，しわ形の遺伝子をaとする。 — Aa

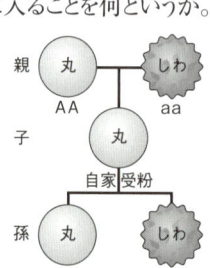

□⑤④で，子の代に現れた形質を何というか。 — 優性(の)形質

□⑥上図の孫の代では，丸形としわ形の個体数の比は，およそ何対何で現れるか。 — 丸形：しわ形＝3：1

□⑦上図の孫の代の丸形の種子の遺伝子の組み合わせを，すべて記号で表せ。 — AA，Aa

□⑧遺伝子の本体の略称をアルファベットで書け。 — DNA

要点チェック

❶無性生殖と有性生殖

＊<u>無性生殖</u>：受精を行わず，分裂などによって子をつくる生殖。→親と同じ染色体を受けつぐ。

＊<u>有性生殖</u>：<u>生殖細胞</u>が受精することによって子をつくる生殖。→子は両方の親の染色体を受けつぐ。→親と子の形質が違うこともある。

* <u>減数分裂</u>：生殖細胞がつくられるとき行われる，染色体の数が<u>半分</u>になる特別な細胞分裂。→受精によって子の染色体の数は親と<u>同じ</u>になる。

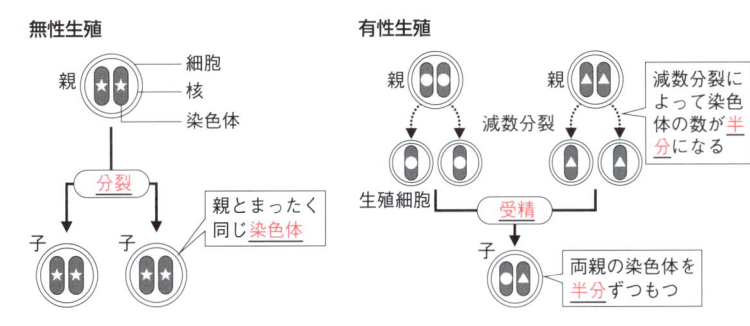

無性生殖

親 — 細胞／核／染色体

↓ 分裂

子　子　親とまったく同じ<u>染色体</u>

有性生殖

親　親　減数分裂によって染色体の数が<u>半分</u>になる

↓ 減数分裂

生殖細胞 → 受精 → 子　両親の染色体を<u>半分</u>ずつもつ

❷遺伝の規則性

* <u>遺伝</u>：親の形質が子や孫に伝わること。
* <u>染色体</u>には<u>形質</u>(生物の形や性質)を決める<u>遺伝子</u>がある。
* <u>純系</u>：自家受粉を何代くり返しても，その形質がすべて親と同じ。
* <u>対立形質</u>：同時に現れない対になる形質。種子の丸形としわ形など。
* <u>分離の法則</u>：対になっていた遺伝子が，<u>減数分裂</u>のときに分かれて，別々の生殖細胞に入ること。
* 対立形質をもつ純系どうしをかけ合わせたとき，子に現れる形質を<u>優性</u>の形質，子に現れない形質を<u>劣性</u>の形質という。
* <u>DNA(デオキシリボ核酸)</u>：遺伝子の本体。

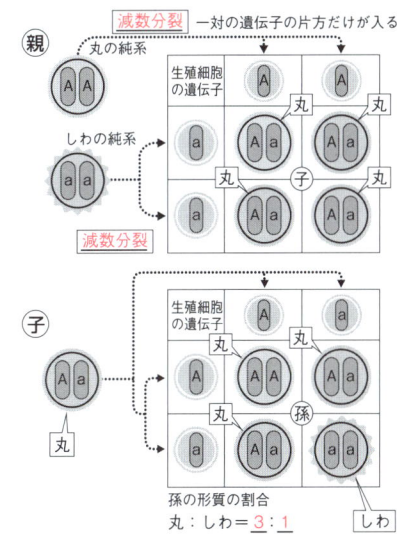

孫の形質の割合　丸：しわ＝<u>3</u>：<u>1</u>

23 自然環境と生物

実力チェック

- ①図1は、ある生態系の生物の数量関係を表しており、A～Cは植物、肉食動物、草食動物のいずれかである。A、Bはそれぞれ何か。 … **A 肉食動物** / **B 草食動物**
- ②Bの数量が急に減ると、AとCの数量はそれぞれ一時的にどうなるか。 … **A 減る。** / **C ふえる。**
- ③生物どうしの食べる・食べられるという鎖のような関係を何というか。 … **食物連鎖**
- ④図2は、自然界での炭素の循環を表したものである。分解者はどれか。 … **土中の小動物・微生物**
- ⑤気体の物質Xは何か。 … **二酸化炭素**
- ⑥矢印aは何というはたらきを表すか。 … **光合成**

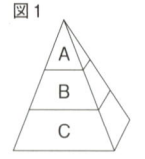

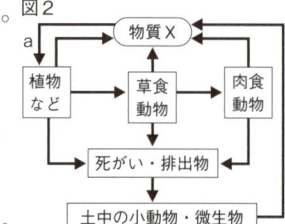

図2：物質X ／ 植物など ／ 草食動物 ／ 肉食動物 ／ 死がい・排出物 ／ 土中の小動物・微生物

要点チェック

❶生態系

- **生態系**：ある地域に生息するすべての生物とその環境をひとつのまとまりとしてとらえたもの。
- **食物連鎖**：生物どうしの食べる・食べられるという鎖のような関係のつながり。
- **食物網**：食物連鎖が複雑にからみ合い、網目状になっていること。

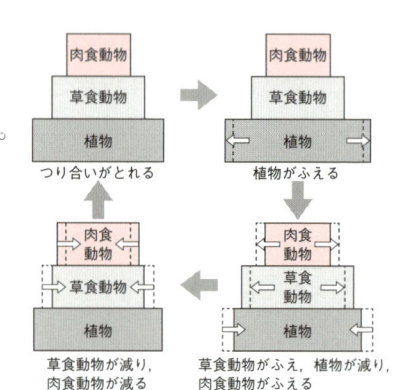

つり合いがとれる → 植物がふえる → 草食動物がふえ、植物が減り、肉食動物がふえる → 草食動物が減り、肉食動物が減る

112

* 食べる生物より食べられる生物の数量の方が多い。→ピラミッド形になる。一時的に増減しても長期的には一定。

❷生態系における生物の役割
* 生産者：光合成で無機物から有機物をつくる生物。→植物など。
* 消費者：ほかの生物を食べる生物。→草食動物・肉食動物。
* 分解者：生物の死がいや排出物などの有機物を養分としてとり入れ，呼吸によって，二酸化炭素や水などの無機物に分解する生物。→土中の小動物や微生物（菌類，細菌類など）。

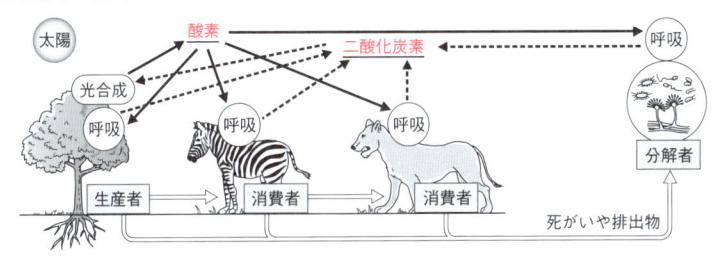

❸物質の循環

⇒ 有機物の流れ　　→，┈┈▶ 無機物の流れ

* 自然界の生物は食物連鎖でつながっていて，炭素や酸素は光合成や呼吸，食物連鎖などによって循環する。

❹身近な自然環境の調査
* マツの気孔のよごれ→よごれている気孔の割合が大きいほど大気がよごれているといえる。
* 川にすむ水生生物の種類によって，水のよごれの度合いがわかる。

❺自然環境と人間
* 外来種：人間によってほかの地域からもちこまれ，定着した生物。→その地域の自然環境に影響をあたえる。
* 地球温暖化：化石燃料（石炭，石油，天然ガスなど）の大量消費による温室効果ガス（二酸化炭素など）の増加→異常気象，海水面の上昇など。
* オゾン層の破壊（紫外線の量がふえる）や酸性雨など。

24 火山と岩石

実力チェック

□① A〜Cは、火山の断面図である。マグマのねばりけが強い順にA〜Cを並べよ。

A　　　　B　　　　C

A→C→B

□② 激しい大爆発でできた火山はA〜Cのどれか。

A

□③ P, Qは火成岩のスケッチである。P, Qのつくりを何というか。また、X, Yの部分を何というか。

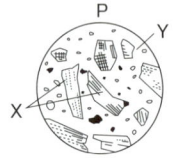

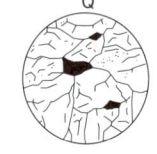

P 斑状組織
Q 等粒状組織
X 斑晶
Y 石基

□④ 白っぽい色をした火成岩Qは、次のどれか。
流紋岩, 安山岩, 玄武岩, 花こう岩

花こう岩

要点チェック

❶火山の形とマグマのねばりけ

* **火山噴出物**：火山ガス(主成分は<u>水蒸気</u>)、火山灰、火山弾、火山れき、軽石、<u>溶岩</u>(マグマが地表に流れ出たもの)など。

火山の形			
マグマのねばりけ	弱い	中程度	強い
噴火のようす	おだやかな噴火	小爆発をくり返す	激しい大爆発
噴出物の色	黒っぽい ←〔有色鉱物を多く含む〕		→ 白っぽい〔無色鉱物を多く含む〕
例	三原山〔伊豆大島〕	桜島	雲仙普賢岳

* <u>マグマ</u>：地中深くにある岩石が高温のためにとけたもの。

❷火成岩（火山岩と深成岩）のつくり

火山岩
- 斑晶：地下深くにある間にできた比較的大きな鉱物の部分
- 石基：地表か地表付近でマグマが急に冷えたために大きな結晶になれなかった部分
- **斑状**組織

深成岩
- 結晶の大きさがほぼ同じ
- マグマが地下深くでゆっくり冷えたために，どの鉱物も大きな結晶になっている
- **等粒状**組織

＊**火山岩**：マグマが地表か地表付近で**急に**冷えてできた岩石。**斑状**組織。
＊**深成岩**：マグマが地下深くで**ゆっくり**冷えてできた岩石。**等粒状**組織。

❸火成岩の種類と鉱物

火山岩	玄武岩	安山岩	流紋岩
深成岩	はんれい岩	閃緑岩	花こう岩
火成岩の色	黒っぽい	⟷	白っぽい
マグマのねばりけ	弱い	⟷	強い
有色鉱物の割合	多い	⟷	少ない

＊**鉱物**：マグマが冷えて結晶になったもの。
＊黒っぽい色の火成岩：**角閃石**，**輝石**，**カンラン石**などの**有色**鉱物が多い。
＊白っぽい色の火成岩：**石英**，**長石**などの**無色**鉱物が多い。

❹火山灰の観察

＊火山灰の観察：図の❶から❸をくり返したあと，**双眼実体**顕微鏡などで観察。→火山灰に含まれる鉱物は**角ばって**いる。

＊**無色**鉱物が多い火山灰…マグマのねばりけが**強い**。

＊**有色**鉱物が多い火山灰…マグマのねばりけが**弱い**。

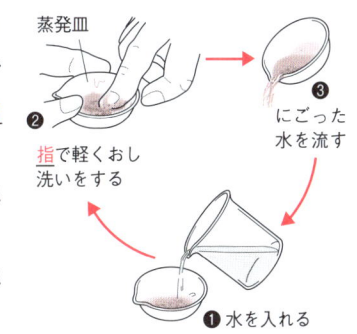

❶水を入れる
❷指で軽くおし洗いをする
❸にごった水を流す
蒸発皿

25 地震／大地の変化

実力チェック

- □① 右図の地震計の記録で，A，Bのゆれを，それぞれ何というか。 — **A 初期微動** **B 主要動**
- □② P波とS波の到着時刻の差を何というか。 — **初期微動継続時間**
- □③ ②の長さは，上図の地点の記録では何秒か。 — **10秒（22－12）**
- □④ 地震の規模を表す尺度を何というか。 — **マグニチュード**
- □⑤ 地震のゆれの程度を何というか。 — **震度**
- □⑥ 地層の波打つような曲がりを何というか。 — **しゅう曲**
- □⑦ 岩石が，気温の変化や風雨などのはたらきによってもろくなることを何というか。 — **風化**
- □⑧ 地層の堆積当時の環境がわかる化石を何というか。 — **示相化石**
- □⑨ 地層が堆積した年代がわかる化石を何というか。 — **示準化石**
- □⑩ 粒の大きさで区別できる堆積岩の名前を，粒の小さいものから順に3つ書け。 — **泥岩，砂岩，れき岩**
- □⑪ 火山灰などが堆積してできた岩石を何というか。 — **凝灰岩**

要点チェック

❶ 地震のゆれの伝わり方

* 地震が発生した場所を<u>震源</u>といい，震源の真上の地表の点を<u>震央</u>という。
* <u>初期微動</u>：初めの小さなゆれ。<u>初期微動継続時間</u>は震源からの距離に<u>比例</u>する。
* <u>主要動</u>：初期微動のあとの大きなゆれ。

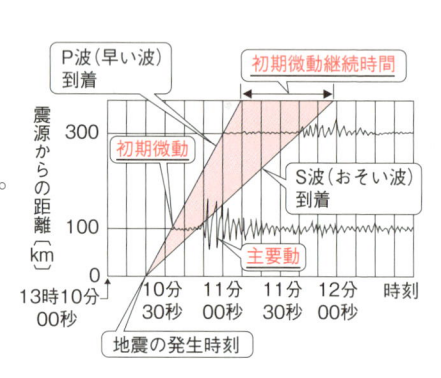

❷震度とマグニチュード
* **震度**：ゆれの大きさの程度。**0～7**(震度5と6は弱と強)の**10**階級。
* **マグニチュード**(記号**M**)：地震のエネルギーの大きさ(規模)を表す値。

❸地震が起こるしくみと大地の変動
* **プレート**(厚さ100km程度の岩盤)の動きで**断層**(地層や岩盤のずれ)ができて，地震が起こる。**活断層**(大地の傷あと)は地震の原因となる。
* 日本付近では，震源は太平洋側から日本海側に向かって**深く**なる。
* **しゅう曲**(波打つように曲げられた地層)や断層は，**プレート**の動きで生じた力が加わってできる。

❹地層のでき方
* **風化**(岩石がもろくなる現象)した岩石は，流水で**侵食**され，れき，砂，泥になる→流水で**運搬**→**堆積**。このくり返しによって地層ができる。

❺地層や化石からわかること／堆積岩

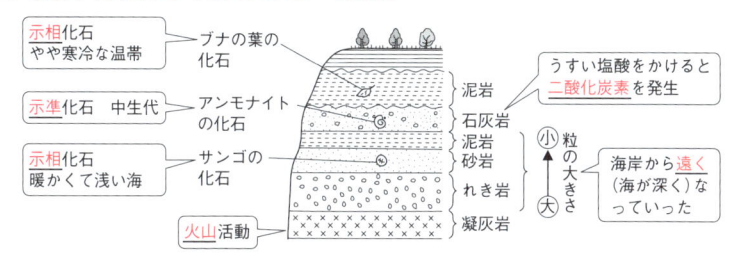

示相化石 やや寒冷な温帯	─ ブナの葉の化石
示準化石 中生代	─ アンモナイトの化石
示相化石 暖かくて浅い海	─ サンゴの化石

泥岩／石灰岩（うすい塩酸をかけると**二酸化炭素**を発生）／泥岩／砂岩／れき岩／凝灰岩／火山活動

粒の大きさ 小↑↓大　海岸から**遠く**(海が深く)なっていった

* **示相化石**：地層が堆積した当時の**環境**を知る手がかりになる化石。
  例 サンゴ，**シジミ**(河口付近)，ブナ
* **示準化石**：地層が堆積した**地質時代**(**地質年代**)を知る手がかりになる化石。例 **サンヨウチュウ**や**フズリナ**(古生代)，**アンモナイト**(中生代)や**ビカリア**(新生代・新第三紀)，**ナウマンゾウ**(新生代，第四紀)

* **堆積岩の種類**
(主成分：石灰岩は炭酸カルシウム，チャートは二酸化ケイ素)

粒の大きさ	大←れき岩・砂岩・泥岩→小	粒は丸みを帯びている
でき方	火山灰などが堆積　凝灰岩	火山活動の証拠
	生物の死がいなどが堆積　石灰岩	うすい塩酸→**二酸化炭素**が発生，やわらかい
	チャート	うすい塩酸に反応しない，かたい

26 気象の観測／気団と前線

実力チェック

- ①図1の天気図記号の風向，風力，天気は何か。　　風向　**南西**　／風力　**1**　／天気　**くもり**
- ②下降気流があり，北半球で時計回りに風がふき出しているのは，高気圧，低気圧のどちらか。　　**高気圧**
- ③図2の低気圧，前線A，Bを何というか。　　**温帯低気圧**　A **温暖前線**　B **寒冷前線**
- ④前線A，Bが通過したあとの風向は，それぞれ南寄りか，北寄りか。　　A **南寄り**　B **北寄り**
- ⑤前線A，Bが通過したあとの気温は，それぞれ上がるか，下がるか。　　A **上がる。**　B **下がる。**
- ⑥前線Bの上空に発達し，強い雨をもたらす雲は何か。　　**積乱雲**

要点チェック

❶天気図記号の読み方・かき方

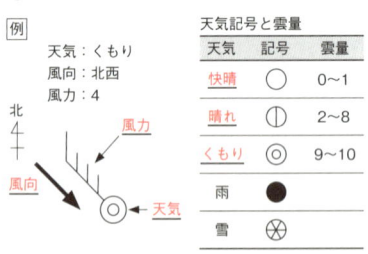

例
天気：くもり
風向：北西
風力：4

天気記号と雲量

天気	記号	雲量
快晴	○	0〜1
晴れ	①	2〜8
くもり	◎	9〜10
雨	●	
雪	✱	

❷気温・湿度の測定

湿度の求め方

乾球22℃　湿球19℃のとき
・乾球の示度が気温
示度の差　22-19=3〔℃〕

湿度表

乾球の示度〔℃〕	乾球と湿球の示度の差〔℃〕				
	0.0	1.0	2.0	3.0	4.0
25	100	92	84	76	68
24	100	91	83	75	67
23	100	91	83	75	67
22	100			74	66
21	100	91	82	73	65
20	100	90	81	72	64

湿度は74%

*風向は風の**ふいてくる**方向を指す。

❸気圧と風のふき方

***高気圧**：等圧線が閉じていて，周囲より中心の気圧が高い部分。

***低気圧**：等圧線が閉じていて，周囲より中心の気圧が低い部分。

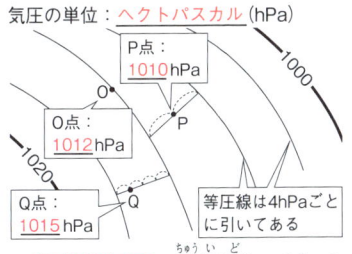

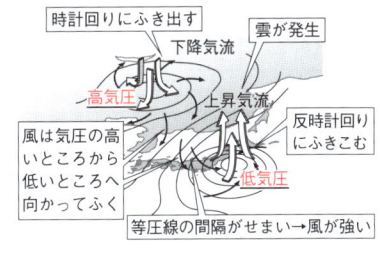

気圧の単位：ヘクトパスカル(hPa)

P点：1010hPa
O点：1012hPa
Q点：1015hPa
等圧線は4hPaごとに引いてある

時計回りにふき出す　下降気流　雲が発生
高気圧　上昇気流
風は気圧の高いところから低いところへ向かってふく
反時計回りにふきこむ
低気圧
等圧線の間隔がせまい→風が強い

*温帯低気圧：中緯度にできて，前線をともなう。西から東へ移動。

❹気団と前線

*気団…気温や湿度が一様な空気のかたまり。大陸や海洋に長期間とどまる。

*寒冷前線(▲▲▲▲)と温暖前線(●●●●)

積乱雲　乱層雲・巻層雲などの層状の雲
寒気　暖気　寒気
激しいにわか雨　おだやかな雨
寒気が暖気の下にもぐりこみ，暖気をおし上げて進む
暖気が寒気の上にはい上がり，寒気をおしながら進む
寒冷前線　温暖前線
前線面
寒気　暖気　暖気　寒気

*前線…前線面(寒気と暖気が接する境の面)が地表と交わるところ。

*閉そく前線(▲●▲●)：寒冷前線が温暖前線に追いついてできる。

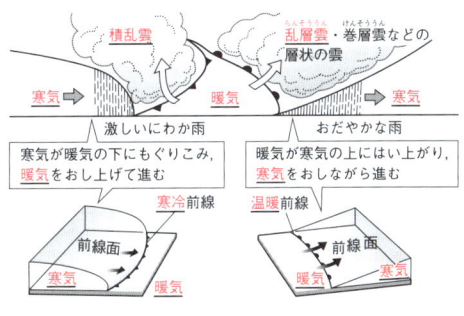

*停滞前線(●▲●▲)：寒気と暖気の勢力がつり合って，長時間動かない。例 梅雨前線，秋雨前線

❺前線の通過と天気の変化

*右図で，温暖前線の通過は8時ごろ。寒冷前線の通過は18時ごろ。

*温暖前線：広い範囲に雨が長時間降り続く。

*寒冷前線：せまい範囲に強い雨が短時間降る。

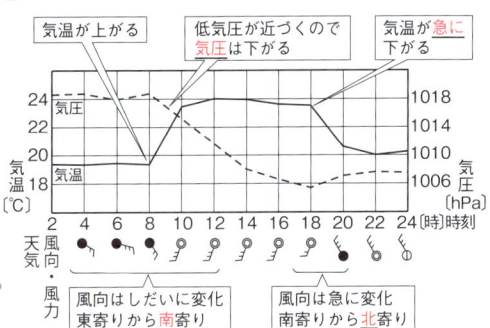

気温が上がる　低気圧が近づくので気圧は下がる　気温が急に下がる

風向はしだいに変化　東寄りから南寄り
風向は急に変化　南寄りから北寄り

27 日本の天気／雲のでき方

実力チェック

- □① 日本付近の上空に1年中ふく西風を何というか。 — 偏西風
- □② 海風がふいているとき,陸と海で,気圧が高い方はどちらか。また気温が高い方はどちらか。 — 気圧 海／気温 陸
- □③ 図1と2は,ある季節の気圧配置を表している。それぞれ季節と気圧配置,発達する気団は何か。 — 図1 冬,西高東低(型),シベリア気団／図2 夏,南高北低(型),小笠原気団
- □④ 25℃の室内で,水の入った金属製のコップに氷水を入れると,水温が15℃のときコップの表面がくもり始めた。このときの温度を何というか。 — 露点
- □⑤ ④の空気は,$1m^3$ 中に,何gの水蒸気を含んでいたか。飽和水蒸気量は,15℃のとき$12.8g/m^3$,25℃のとき$23.1g/m^3$とする。 — 12.8 g
- □⑥ ④の空気の湿度は何%か。小数第1位を四捨五入して求めよ。 — 55%(12.8÷23.1×100)
- □⑦ 雲ができる原因は,空気が上昇すると,上空では(a)が低いため空気が(b)し,温度が(c)ためである。( )にあてはまる語句を書け。 — a 気圧／b 膨張／c 下がる

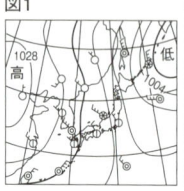

要点チェック

❶偏西風／季節風／海陸風(海風と陸風)

* 偏西風:中緯度帯の上空を1年中ふく西風。日本付近を通る低気圧(温帯低気圧)や高気圧(移動性高気圧)は,偏西風の影響を受ける。
* 季節風:陸と海のあたたまり方の違いで生じる風。海陸風も同様。

* 海風：海岸付近で海から陸へふく風。→晴れた日の昼，陸は海よりあたたまり，陸に上昇気流ができて気圧が下がる。
* 陸風：海岸付近で陸から海へふく風。→晴れた日の夜，陸は海より冷えるので，陸に下降気流ができて気圧が上がる。

❷日本の天気
* 冬：西高東低(型)の気圧配置。大陸に寒冷で乾いたシベリア気団が発達。北西の季節風。日本海側は雪，太平洋側は晴れ。
* 夏：南高北低(型)の気圧配置。南東の季節風。南に高温で多湿の小笠原気団が発達。高温多湿で晴れの日が多い。
* 春・秋：移動性高気圧と低気圧(温帯低気圧)が偏西風にのって交互に日本付近を通過するので，同じ天気は長く続かない。
* 梅雨・秋雨：冷たく湿ったオホーツク海気団と高温で多湿の小笠原気団の勢力がつり合い，その境の東西に停滞前線(▬▬▬▬)ができる。
* 台風：風速17.2m/s以上の熱帯低気圧。

❸空気中の水蒸気
* 露点：水蒸気が冷やされて水滴に変化するときの温度。空気1m^{3}中に含まれる水蒸気の量が飽和水蒸気量と等しくなるときの温度と同じ。露点が高い空気ほど，水蒸気を多く含んでいる。
* 飽和水蒸気量：空気1m^{3}中に含まれる最大の水蒸気の質量。飽和水蒸気量は，気温が上がるほど大きくなり，気温が下がるほど小さくなる。
* 湿度の公式：

$$湿度[\%] = \frac{その空気1m^3に含まれる水蒸気量[g/m^3]}{その空気と同じ気温での飽和水蒸気量[g/m^3]} \times 100$$

$$= \frac{その空気の露点での飽和水蒸気量[g/m^3]}{その空気と同じ気温での飽和水蒸気量[g/m^3]} \times 100$$

❹雲のでき方
* 水蒸気を含む空気が上昇→気圧が低くなるため膨張→気温は下がる→露点に達すると水蒸気が水滴になって，雲ができる。

28 地球の運動と天体の動き

実力チェック

□①星などの天体の1日の動きを何というか。また、星が動いて見える原因となる地球の運動を何というか。　　日周運動／自転

□②星は1時間に何度回転しているように見えるか。　　15°（360°÷24）

□③星は1か月に何度回転しているように見えるか。　　30°（360°÷12）

□④星の位置が季節によって変化するのは、地球の何という運動のためか。　　公転

□⑤太陽は星座の間を動いて見える。その見かけの通り道を何というか　　黄道

□⑥右図は、地球の公転のようすを示している。Aの地球は3か月後、B～Dのどこに移るか。　　B

□⑦春のころの真夜中に、南の空に見える星座はどれか。　　おとめ座

（図：A おとめ座／B いて座／C うお座／D ふたご座／中央に太陽、北極）

□⑧季節が生じるのは、地球が（a）を傾けたまま（b）しているからである。（　）にあてはまる語句を書け。　　a 地軸／b 公転

要点チェック

❶地球の自転と方位

* 自転：天体が、中心を通る線を軸にして自ら回転する運動。
* 地軸：地球の北極と南極を結ぶ軸（中心を通る線）。
* 地球は北極側から見て、反時計回り（西から東）に自転している。
* 真夜中の位置は太陽と反対側。

北極点の真上から見た各地の方位
- 太陽が西の空＝夕方
- 太陽が東の空＝明け方
- 真夜中
- 自転の向き

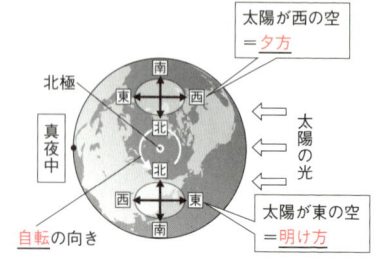

122

❷星の日周運動

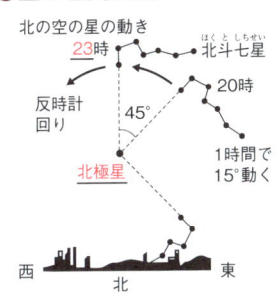

北の空の星の動き

23時 ・・・北斗七星
20時
反時計回り
45°
1時間で15°動く
北極星
西 北 東

* <u>日周運動</u>：地球の<u>自転</u>による天体の見かけの運動。
* 北極星は，<u>地軸</u>の延長上にあるため，ほとんど動かない。

❹星座の1年の動き(年周運動)

* 同じ時刻の星座の位置は，<u>東</u>から<u>西</u>に1か月で約<u>30</u>度(360°÷12か月)動き，1年で1回転する。
* 星座の1年の動きは，地球の<u>公転</u>による見かけの動き。
* <u>地球の公転</u>：地球が自転と<u>同じ</u>向きに，地軸を<u>傾けた</u>まま1年周期で太陽のまわりを回る運動。
* <u>黄道</u>：太陽の見かけの通り道。地球が太陽のまわりを<u>公転</u>するため，太陽が星座に対し<u>西</u>から<u>東</u>へ1年で1回転するように見える。

❺四季による太陽の動き方の変化

* 季節が生じる原因…地球が公転面に垂直な方向から<u>地軸</u>を約23.4度<u>傾けたまま公転</u>しているため，太陽の南中高度(日光の量)や昼夜の長さが変化するから。

❸太陽の日周運動

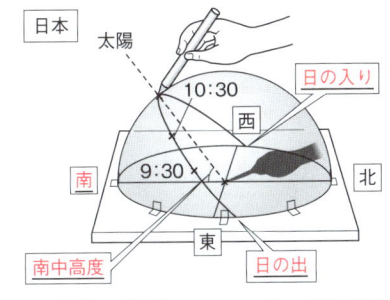

日本
太陽
10:30
日の入り
西
9:30
南
北
東
南中高度
日の出

* 太陽の位置…ペンの先の影が円の<u>中心</u>にくるようにして記録。
* <u>南中</u>：天体が真南にくる(子午線を通過する)こと。

オリオン座の動き(毎月15日20時の位置)

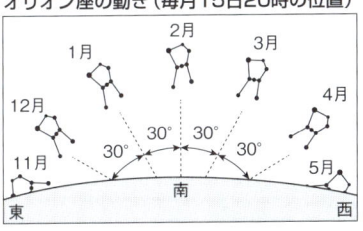

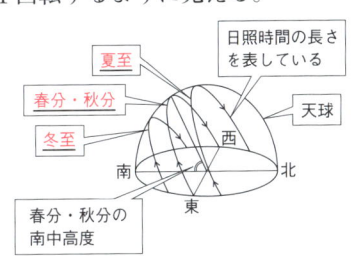

2月
1月 3月
12月
4月
11月 30° 30° 30° 30° 5月
東 南 西

夏至
春分・秋分
冬至
日照時間の長さを表している
天球
西
南 北
東
春分・秋分の南中高度

29 宇宙の広がり／月と金星の見え方

実力チェック

- □①自ら光や熱を出す天体を何というか。 … 恒星
- □②太陽のまわりを公転する8つの天体を何というか。 … 惑星
- □③平均密度が大きい②のなかまを何というか。 … 地球型惑星
- □④②のまわりを公転している天体を何というか。 … 衛星
- □⑤銀河のうち，太陽系を含む銀河を何というか。 … 銀河系
- □⑥太陽の表面にある黒い斑点を何というか。 … 黒点
- □⑦⑥が黒く見えるのは，周囲より温度が高いからか，低いからか。 … 低いから。
- □⑧⑥は移動し，中央部で円形に見え，周辺部でだ円形に見える。太陽は何という運動をし，どんな形か。 … 自転／球形
- □⑨新月が太陽をかくす現象を何というか。 … 日食
- □⑩満月が地球の影に入る現象を何というか。 … 月食
- □⑪金星が，肉眼で右図のA，Bのように見えるときは，それぞれ日の出前と日の入り後のどちらか。 … A日の入り後／B日の出前

要点チェック

❶銀河系と太陽系

* <u>恒星</u>：太陽のように，自ら光や熱を出す天体。
* <u>銀河系</u>：太陽系が属する恒星の集団。
* <u>銀河</u>：銀河系の外側にある，銀河系と同じような恒星の大集団。
* <u>太陽系</u>：太陽を中心とした惑星や小天体の集まり。
* <u>惑星</u>：地球のような，恒星（太陽）のまわりを公転している天体。
* <u>衛星</u>：月のように，惑星のまわりを公転している天体。
* <u>小惑星</u>：主に火星と木星の間にある，数多くの小さな天体。
* <u>すい星</u>：太陽に接近して長い尾を引く小天体。

* <u>地球型惑星</u>：主に岩石からなり，小型で平均密度が<u>大きい</u>惑星のなかま→水星，金星，地球，火星。
* <u>木星型惑星</u>：厚いガスがとりまく大型で平均密度が<u>小さい</u>惑星のなかま→木星，土星，天王星，海王星。

❷太陽の観測
* <u>コロナ</u>：太陽をとり巻く高温のガスの層。
* <u>プロミネンス(紅炎)</u>：太陽の表面からふき出す高温の炎のようなガス。
* <u>黒点</u>：太陽の表面の温度(約<u>6000℃</u>)より温度が低い(約4000℃)ため黒く見える。<u>黒点</u>の位置が移動→太陽は<u>自転</u>。黒点の形が周辺部で縦長のだ円形に見え，中央部で円形に見える。→太陽が<u>球形</u>。

❸月の見え方
* 月は東から出て西にしずむ→地球が<u>自転</u>しているから。
* 月は形を変えながら<u>西</u>から<u>東</u>へ移動→月は，地球の北極側から見て反時計回りに<u>公転</u>しているから。

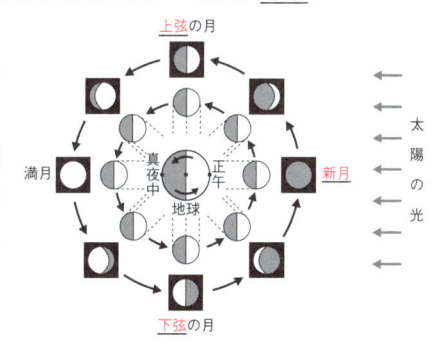

❹日食と月食
* <u>日食</u>：<u>新月</u>が太陽をかくす。太陽－<u>月</u>－<u>地球</u>の順に一直線に並ぶ。
* <u>月食</u>：<u>満月</u>が地球の影に入る。太陽－<u>地球</u>－<u>月</u>の順に一直線に並ぶ。

❺金星の見え方
* 金星は，<u>太陽</u>のある側が光って見える。
* 金星は，明け方の<u>東</u>の空(明けの明星)か，夕方の<u>西</u>の空(よいの明星)に見え，真夜中には<u>見えない</u>→地球より<u>内側</u>を公転しているから。

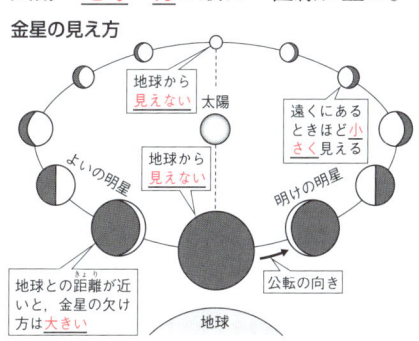

理科

理科　入試情報

●物理分野
- 圧力，速さ，仕事などを求めたり，**オームの法則**を使った計算問題の出題が多い。
- 力の作図では，物体にはたらく力を見つけ出せるようにする。特に，**斜面上の物体にはたらく力**には注意しよう。
- 電流計，電圧計の使い方もよく出題されるので，確認しておく。

●化学分野
- **実験中心の出題が多い**ので，手順や方法，操作の注意点，その理由などを理解しておく。ガスバーナーの使い方はよく出題される。
- グラフを読みとって，**銅やマグネシウムの酸化やできた酸化物の質量を求める計算問題**が多く出題される。よく練習して慣れておく。
- いろいろな化学変化や電池のしくみ，中和の実験などは，**原子のモデルやイオンのモデルを使って**理解しておく。

●生物分野
- 光合成，呼吸，蒸散のしくみは，**実験をもとに**理解しておこう。
- 消化と吸収，呼吸，血液の循環，刺激と反応に関する**用語**はしっかり覚えておこう。
- **無性生殖と有性生殖の違いや遺伝の規則性**の出題も増加している。
- 顕微鏡の使い方はよく出題される。各部の名称と手順を覚えておく。

●地学分野
- 地震の記録をもとに，**地震の波の伝わり方**を理解しておく。
- 寒冷前線と温暖前線の特徴と天気の変化を理解する。
- 露点や湿度に関する出題も多い。よく練習しておく。
- 地球の自転，公転と天体の動きを理解する。また，太陽，地球，月，金星の位置関係から，**月の見え方，金星の見え方，月食や日食のしくみ**を理解する。

英語

A 動詞の形
1 現在のことを表す形 …… 128
2 過去のことを表す形 …… 129
3 進行中のことを表す形 …… 130
4 これからのことを表す形 …… 131
5 動詞に意味を添える語句(1) …… 132
6 動詞に意味を添える語句(2) …… 133
7 継続・経験・完了を表す形 …… 134
8 受け身を表す形 …… 135

B 文の形
9 主語や目的語になる語 …… 136
10 目的語のない文 …… 137
11 目的語になる語句 …… 138
12 目的語になる文 …… 139
13 目的語が2つある文 …… 140
14 目的語と「…に・…と」のある文 …… 141
15 指示・誘いを表す文, ものをたずねる文(1) …… 142
16 ものをたずねる文(2) …… 143
17 打ち消しを表す文 …… 144
18 「…がある」「…がいる」を表す文 …… 145
19 形式的に it を主語にする文 …… 146

C 修飾する形
20 形容詞の働きをする語句(1) …… 147
21 形容詞の働きをする語句(2) …… 148
22 副詞の働きをする語句(1) …… 149
23 副詞の働きをする語句(2) …… 150
24 比較を表す形(1) …… 151
25 比較を表す形(2) …… 152
26 形容詞の働きをする語句(3) …… 153
27 副詞の働きをする文 …… 154
28 形容詞の働きをする文 …… 155
入試情報 …… 156

● 入試に必ず出る事項を, 動詞の形, 文の形, 修飾する形の3つの観点から見ていきます。

各ページは, 問題(一問一答式)→ポイント(要点の解説)という構成です。わかりやすいポイント解説を読んでから, 問題に取り組むのもよいでしょう。

A 動詞の形

1 現在のことを表す形

実力チェック

●日本語に合うように，＿＿に入る語を答えなさい。

① ジェーンは今，京都にいます。
　Jane ＿＿＿＿ in Kyoto now.　　　　　is

② あなたは今，忙しいですか。
　＿＿＿＿ ＿＿＿＿ busy now?　　　　　Are you
　——いいえ，忙しくありません。
　　No, ＿＿＿＿ ＿＿＿＿.　　　　　　I'm not

③ 健はバスで学校へ行きます。
　Ken ＿＿＿＿ to school by bus.　　　　goes

④ アンには弟がいます。
　Ann ＿＿＿＿ a brother.　　　　　　　has

⑤ 絵美は小説を読みますか。
　＿＿＿＿ Emi ＿＿＿＿ novels?　　　　Does, read
　——はい，読みます。
　　Yes, she ＿＿＿＿.　　　　　　　　does

⑥ 私たちは事実を知りません。
　We ＿＿＿＿ ＿＿＿＿ the truth.　　　don't know

ポイント

- 「…です」や「…にある」「…にいる」は，am，are，is で表す。
  たずねるときは，am，are，is を主語の前に出す。
  打ち消すときは，am，are，is のあとに not。

- 「…する」は play，like，go などを使う。主語が第三者で単数のときは，語尾に -s または -es をつける。have のときは has。
  たずねるときは，主語の前に do または does。動詞は原形。
  打ち消すときは，動詞(原形)の前に do not または does not。

128

2 過去のことを表す形

実力チェック

●日本語に合うように、＿＿＿に入る語を答えなさい。

① 私たちは2時には動物園にいました。
　We ＿＿＿＿ in the zoo at two.　　were

② 仙台は寒かったですか。
　＿＿＿＿ ＿＿＿＿ cold in Sendai?　　Was it

③ その映画はおもしろくありませんでした。
　The movie ＿＿＿＿ interesting.　　wasn't

④ 生徒たちは熱心に勉強しました。
　The students ＿＿＿＿ hard.　　studied

⑤ アンはきのう，東京に行きました。
　Ann ＿＿＿＿ to Tokyo yesterday.　　went

⑥ あなたはきょう，トムに会いましたか。
　＿＿＿＿ you ＿＿ ＿＿ Tom today?　　Did, see（または meet）
　——はい，会いました。
　　Yes, I ＿＿＿＿.　　did

⑦ 絵美は時間通りにはここに来ませんでした。
　Emi ＿＿＿＿ ＿＿＿＿ here on time.　　didn't come

ポイント

- 「…だった」や「…にあった」「…にいた」は，was, were で表す。
  たずねるときは，was, were を主語の前に出す。
  打ち消すときは，was, were のあとに not。
- 「…した」は動詞を -ed 形にして表す。ただし，come → came, go → went, have → had, make → made などの形もある。
  たずねるときは，主語の前に did を置く。動詞は原形。
  打ち消すときは，動詞（原形）の前に did not。

129

3 進行中のことを表す形

実力チェック

●日本語に合うように，(　　)内の語を正しい形にかえなさい。

□① アンは手紙を書いています。
　　Ann (be) (write) a letter.　　　　　　　　is writing

□② 子どもたちは今，泳いでいます。
　　The children (be) (swim) now.　　　　　　are swimming

□③ 健はそのとき，ふろに入っていました。
　　Ken (be) (take) a bath then.　　　　　　　was taking

□④ 私たちはそのとき，サッカーをしていました。
　　We (be) (play) soccer then.　　　　　　　were playing

●日本語に合うように，＿＿に入る語を答えなさい。

□⑤ あなたはニュースを見ていますか。
　　＿＿＿＿ ＿＿＿＿ watching the news?　　　　Are you
　　——はい，見ています。Yes, I ＿＿＿＿.　　　　am

□⑥ 今は雨が降っていません。
　　It ＿＿＿＿ ＿＿＿＿ now.　　　　　　　　　isn't raining

□⑦ 絵美は何をしていますか。
　　What ＿＿＿＿ Emi ＿＿＿＿?　　　　　　　is，doing

ポイント

- 進行中の動作は，「be＋-ing形」で表す。be は，主語や「時」に応じて am，are，is，was，were を使い分ける。
- -ing形では，come → coming, run → running, swim → swimming, lie → lying などに注意。
- たずねるときは，be を主語の前に出す。
  打ち消すときは，be のあとに not。

4 これからのことを表す形

実力チェック

●日本語に合うように，___ に入る語を答えなさい。

□① 私はすしを食べよう。
I _____ _____ sushi. — will have（または eat）

□② 絵美は旅行に出かけるつもりです。
Emi _____ _____ to go on a trip. — is going

□③ 私は来月15歳になります。
_____ _____ fifteen next month. — I'll be

□④ じきに雨が降りそうです。
_____ _____ to rain soon. — It's going

□⑤ トムはきょうはここに来るでしょうか。
_____ _____ come here today? — Will Tom
——いいえ，来ないでしょう。
No, he _____. — won't

□⑥ あなたは奈良を訪れる予定ですか。
_____ _____ going to visit Nara? — Are you
——はい，そのつもりです。Yes, I _____. — am

□⑦ 私たちは電車に間に合わないでしょう。
We _____ _____ catch the train. — will not

ポイント

- 主語が I, we でこれから「…する」は，「will＋動詞の原形」で表す。この形は単に「…になる」や，「…するだろう」という予測も表す。たずねるときは will を主語の前に。打ち消すときは will のあとに not。
- 主語が I, we で「…するつもりだ」は，「be going to＋動詞の原形」で表す。これは「…するつもりのようだ」「…しそうだ」をも表す。たずねるときは be を主語の前に。打ち消すときは be のあとに not。

131

5 動詞に意味を添える語句(1)

実力チェック

●日本語に合うように，____に入る語を答えなさい。

① トムは上手にギターがひけます。
Tom _____ _____ the guitar well.　　can play

② あなたはじきに泳げるようになります。
You'll _____ _____ to swim soon.　　be able

③ 私はこの問いに答えられません。
I _____ _____ this question.　　cannot（または can't）answer

④ 私たちは早起きしなければなりません。
We _____ _____ up early.　　must get

⑤ 絵美は夕食を作らなければなりませんでした。
Emi _____ _____ make dinner.　　had to

⑥ あなたはこの仕事をしなければなりませんか。
_____ you _____ this work?　　Must, do
——いいえ，その必要はありません。
　No, I _____ _____ to.　　don't have

⑦ 健は病気にちがいありません。
Ken _____ _____ sick.　　must be

⑧ あなたたちはすぐに出発したほうがよい。
You _____ _____ right away.　　should start

ポイント

- 「…することができる」は，「can + 動詞の原形」か「be able to + 動詞の原形」で表す。can は「…してもよい」の意味も表す。
- 「…しなければならない」は，「must + 動詞の原形」か「have（または has）to + 動詞の原形」。must は「…にちがいない」の意味も表す。
- 「…したほうがよい，…すべきだ」は，「should + 動詞の原形」。

6 動詞に意味をそえる語句(2)

実力チェック

●日本語に合うように，___に入る語を答えなさい。

① このペンを使ってもいいですか。

　_____ _____ use this pen?

　——ええ，どうぞ。　Yes, _____ .

May（または Can）I
please

② お茶をいれましょうか。

　_____ _____ make tea for you?

　——いいえ，けっこうです。

　No, _____ you.

Shall I

thank

●日本語に合うように，(　)内の正しい語順を答えなさい。

③ ケーキを少しいただきたい。

　(some / like / I'd) cake.

I'd like some

④ 明かりをつけていただけませんか。

　(you / could / turn) on the light?

Could you turn

⑤ ここに来ていただけますか。

　(would / please / you) come here?

Would you please

⑥ くだものはいかがですか。

　(like / would / you) some fruit?

Would you like

ポイント

- 「…してもいいですか」は May I ...? と表す。Can I ...? とも言う。
- 「(私が)…しましょうか」は Shall I ...? と表す。
- 「…していただけませんか」は Could you ...? や Would you (please) ...? と表す。Will you (please) ...? とも言う。
  「…をいただきたい」は I'd like .... と表す。I'd = I would。
  「…はいかがですか」は Would you like ...? と表す。

7 継続・経験・完了を表す形

実力チェック

●日本語に合うように，(　　)内の正しい語順を答えなさい。

□① 私たちはここに来て1時間になります。
We (here / have / been) for an hour. — have been here

□② 試合は今，終わったところです。
The game (just / finished / has). — has just finished

□③ 私はかつて健のことを聞いたことがあります。
(heard / I've / once) of Ken. — I've once heard

□④ アンはここに住んでどのくらいになりますか。
(has / long / how) Ann lived here? — How long has

●日本語に合うように，＿＿＿に入る語を答えなさい。

□⑤ 絵美はまだ戻ってきていません。
Emi ＿＿＿ come back ＿＿＿. — hasn't, yet

□⑥ あなたは神戸へ行ったことがありますか。
Have you ＿＿＿ ＿＿＿ to Kobe? — ever been
——いいえ。一度もありません。
No. ＿＿＿ ＿＿＿ been there. — I've never

□⑦ 先週から雨が降っているのですか。
＿＿＿ it ＿＿＿ since last week? — Has, rained

ポイント

- 過去の出来事が現在にまで影響を及ぼしていることは，「have(または has)＋過去分詞」で表す。「(ずっと)…だ」(継続)や「…したことがある」(経験)，「…したところだ」「…してしまった」(完了)を表す。
- たずねるときは have(または has)を主語の前に出し，打ち消すときは have(または has)のあとに not を置く。

8 受け身を表す形

実力チェック

●日本語に合うように，＿＿に入る語を答えなさい。

① この図書館は7時に閉館します。
   This library ＿＿＿＿ ＿＿＿＿ at seven. — is closed

② 彼らは小野先生に教わっていますか。
   ＿＿＿＿ they ＿＿＿＿ by Mr. Ono? — Are, taught

③ あなたたちはパーティーに招待されましたか。
   ＿＿＿＿ ＿＿＿＿ invited to the party? — Were you
   ——いいえ，招待されませんでした。
   No, we ＿＿＿＿. — weren't

④ この寺はいつ建てられたのですか。
   ＿＿＿＿ ＿＿＿＿ this temple built? — When was

⑤ これらの機械は今は使われていません。
   These machines ＿＿＿＿ ＿＿＿＿ now. — aren't used

●日本語に合うように，（　）内の正しい語順を答えなさい。

⑥ これらの魚は東京へ送られるでしょう。
   These fish (be / will / sent) to Tokyo. — will be sent

⑦ たくさんの木が切り倒されました。
   Many trees (down / cut / were). — were cut down

ポイント

- 「…される」や「…された」という受け身の意味は，「be＋過去分詞」で表す。beは，主語や「時」に応じて形をかえる。
- たずねるときはbeを主語の前に出し，打ち消すときはbeのあとにnotを置く。
- 「…されるだろう」は「will be＋過去分詞」で表す。

B 文の形

❾ 主語や目的語になる語

実力チェック

●日本語に合うように、＿＿に入る語を答えなさい。

□① 子どもたちは甘いものが好きです。
　　＿＿＿＿ like sweet ＿＿＿＿.　　　　Children, things

□② 私に水をください。
　　Please give ＿＿＿＿ some ＿＿＿＿.　　me, water

□③ 私たちの何人かは「はい」と言い、ほかの人たちは「いいえ」と言いました。
　　＿＿＿＿ of us said "Yes," and the ＿＿＿＿ said "No."　　Some, others

□④ 私たちはそこで大いに楽しみました。
　　＿＿＿＿ really enjoyed ＿＿＿＿ there.　　We, ourselves

□⑤ 「この帽子はいかがですか」「それは気に入りません。もっとよいのがほしい」
　　"How about this hat?" "I don't like ＿＿＿＿. I want a better ＿＿＿＿."　　it(またはthat), one

□⑥ 私は何か読むものがほしい。何でもいいです。
　　I want ＿＿＿＿ to read. ＿＿＿＿ will do.　　something, Anything

ポイント

- 名詞には、数えられるものを表すbox, cityなど(a, anがつき、複数形がある)と数えられないものを表すmilk, Japanなどがある。
- 代名詞には、主語になるときと目的語になるときでは形が異なるものがある。主語…I, you, he　目的語…me, you, him
- 「…のもの」を表す形やthis, that, some, any, all、また-thing, -bodyなどは主語にも目的語にもなる。-selfは目的語になる。
- 前の名詞と同じものはitで指し、同じ種類のものはoneで指す。

10 目的語のない文

実力チェック

●日本語に合うように，(　)内の正しい語順を答えなさい。

① 私たちは海で泳ぎます。
(swim / we / in) the sea.　　　We swim in

② 絵美はドアのところに立っています。
Emi (at / standing / is) the door.　　　is standing at

③ その男の子は立派な医者になるでしょう。
The boy (a good doctor / be / will).　　　will be a good doctor

④ 私はきのうは家にいました。
(was / at / I) home yesterday.　　　I was at

⑤ あの老人は疲れているようです。
That old (looks / man / tired).　　　man looks tired

⑥ 外は暗くなってきています。
(dark / it's / getting) outside.　　　It's getting dark

⑦ その計画はおもしろそうでした。
The (plan / interesting / sounded).　　　plan sounded interesting

⑧ きょうは気分はいかがですか。
How (you / do / feel) today?　　　do you feel

ポイント

- 「主語＋動詞」だけで意味の通る文がある。be や swim，walk などの動詞を用いた文で，ふつう，時や場所，動作の様子を表す語句などをともなう。
- 「主語＋動詞」のあとに，主語について説明する語句をとることがある。be や become，look，get などの動詞を用いた場合で，その語句は形容詞がふつう。be，become のときは名詞，代名詞のこともある。

英語

11 目的語になる語句

実力チェック

●日本語に合うように，＿＿に入る語を答えなさい。

□① トムは音楽を聞くことが好きです。
　　Tom likes ＿＿＿＿ ＿＿＿＿ to music.　　　to listen

□② この本を読み終えましたか。
　　Did you ＿＿＿＿ ＿＿＿＿ this book?　　　finish reading

□③ ジェーンは泳ぎ方を知っています。
　　Jane knows ＿＿＿＿ ＿＿＿＿ swim.　　　how to

□④ 女の子たちは突然，踊るのをやめました。
　　The girls ＿＿＿＿ ＿＿＿＿ suddenly.　　　stopped dancing

□⑤ 電話をかけてくれてありがとう。
　　Thank you ＿＿＿＿ ＿＿＿＿ me.　　　for calling

□⑥ どちらのバスに乗ったらよいのでしょう。
　　I'm wondering ＿＿＿＿ bus ＿＿＿＿ take.　　　which, to

□⑦ 私はその町を訪ねたことを決して忘れません。
　　I'll never ＿＿＿＿ ＿＿＿＿ the town.　　　forget visiting

□⑧ 忘れずにその村を訪ねなさい。
　　Don't forget ＿＿＿＿ ＿＿＿＿ the village.　　　to visit

ポイント

- 「…すること」を表す -ing形，「to＋動詞の原形」は目的語になる。
  enjoy, finish などは -ing形を，decide, want などは to ... を目的語にとる。begin, like などは両方。forget, remember, try も両方を目的語にとるが，意味にちがいが出る。

- how to ..., what to ... なども，know などの目的語になる。

- -ing形は，without や of や for などのあとに使うこともできる。

12 目的語になる文

実力チェック

●日本語に合うように，(　　)内の正しい語順を答えなさい。

① 私は，健はねこが好きなことを知っています。
I (that / know / Ken) likes cats.
know that Ken

② 私たちは，あなたは正しいと思います。
We (think / you / that) are right.
think that you

③ トムは歴史はおもしろいと言いました。
Tom (was / history / said) interesting.
said history was

④ 絵美は，アンがどこにいるか知っています。
Emi knows (is / where / Ann).
where Ann is

⑤ 人々は何が起きたか理解できません。
People cannot (what / understand / happened).
understand what happened

⑥ あなたは私たちが試合に勝つと思いましたか。
Did you (would / think / we) win the game?
think we would

⑦ あなたはこれがいくらか推測できますか。
Can you guess (this / much / how) is?
how much this

ポイント

- 「that + 主語 + 動詞 ...」の形は「…だ(と)」や「…ということ(を)」などを表し，think や know などの目的語になる。that は省略できる。「…ということを知っていますか」などは，その文の「主語 + 動詞」の部分(you know など)をたずねる形にする。that 以下の語順は同じ。

- 「what(または who, when など) + 主語 + 動詞 ...」も，know などの目的語になる。what, who が主語のときは，動詞が続く。

139

13 目的語が2つある文

実力チェック

●日本語に合うように,(　　)内の正しい語順を答えなさい。

① 私はアンに花をあげました。
　I (Ann / some flowers / gave).
　→ gave Ann some flowers

② 私にほんとうのことを教えてください。
　Please (the truth / me / tell).
　→ tell me the truth

③ 山田先生は私たちに数学を教えてくれました。
　Mr. Yamada (us / math / taught).
　→ taught us math

④ だれがあなたにこの小物入れを作ってくれたのですか。
　Who (made / this pouch / you) ?
　→ made you this pouch

⑤ 私たちに駅への行き方を教えてくれませんか。
　Could you (how / us / show) to get to the station?
　→ show us how

⑥ 私が先生に何をしたらよいか聞きましょう。
　I will ask (to / our teacher / what) do.
　→ our teacher what to

⑦ だれも健にどこへ行ったらよいか教えませんでした。
　Nobody (told / where / Ken) to go.
　→ told Ken where

ポイント

- 「…に~を与える」や「…に~を教える」などは,目的語を2つ使った形で表すことができる。giveやtellなどのあとに,「…に」・「~を」の順に目的語を続ける。
- 2つの目的語のうちの「~を」には,「how to+動詞の原形」,「what to+動詞の原形」などがくることもある。

14 目的語と「…に・…と」のある文

実力チェック

●日本語に合うように，(　)内の正しい語順を答えなさい。

① 私たちはこのねこをムサシと呼びます。
　We (Musashi / call / this cat). —— call this cat Musashi

② その出来事で人々は悲しくなりました。
　The event (people / made / sad). —— made people sad

③ 私はあなたに仕事を手伝ってほしい。
　I (to / you / want) help my work. —— want you to

④ 私がアンにすぐ来るように頼みましょう。
　I'll (Ann / ask / to) come at once. —— ask Ann to

●日本語に合うように，＿＿に入る語を答えなさい。

⑤ あなたはその犬を何と名づけましたか。
　＿＿＿ did you ＿＿＿ the dog? —— What, name

⑥ 私はあなたにここにいていただきたい。
　I'd like ＿＿＿ ＿＿＿ ＿＿＿ here. —— you to stay

⑦ だれが健にそこへ行くように言いましたか。
　Who ＿＿＿ Ken ＿＿＿ ＿＿＿ there? —— told, to go

ポイント

- 「…を～と呼ぶ」や「…を～(の状態)にする」，「…を～(の状態)にしておく」などは，call や make，keep などのあとに「目的語＋名詞」や「目的語＋形容詞」を続けて表す。
- 「(人)に…するように言う」や「(人)に…するように頼む」のように言うときは，tell や ask などのあとに「人(目的語)＋to＋動詞の原形」を続けて表す。

15 指示・誘いを表す文，ものをたずねる文(1)

実力チェック

●日本語に合うように，＿＿に入る語を答えなさい。

① テレビを見るのをやめなさい。
　_____ watching TV. 　　　　　　Stop

② みなさん，静かにしてください。
　_____ _____ quiet, everyone. 　Please be

③ 私のコンピューターを使ってはいけません。
　_____ _____ my computer. 　　Don't use

④ ここに来なさい，そうすれば海が見えます。
　_____ here, _____ you'll see the sea. 　Come, and

⑤ ここで昼ごはんを食べましょう。
　_____ _____ lunch here. 　　　Let's have（またはeat）

⑥ ジェーンはすしが好きですか。
　_____ Jane _____ sushi? 　　Does, like

⑦ 北海道は寒かったですか。
　_____ _____ cold in Hokkaido? 　Was it

⑧ 私たちはもう帰らなければなりませんか。
　_____ _____ go home now? 　Must we

ポイント

- 「…しなさい」は動詞の原形で文を始める。「…してはいけない」はその前にdon't。ていねいに言うときはPlease .... か ..., please. の形。「…しなさい」を表す文のあとに，and you will ～ を続けると「そうすれば～」，or you will ～ なら「そうしないと～」を表す。
- 「（いっしょに）…しよう」と誘うときは「Let's＋動詞の原形 ....」。
- たずねる文は，like，use などを使うときは主語の前に do，does，did。be や can，must，will などを使うときはそれを主語の前に。

16 ものをたずねる文(2)

実力チェック

●日本語に合うように，____ に入る語を答えなさい。

① これらは何ですか。 _____ _____ these?　　**What are**

② だれが優勝しましたか。
_____ _____ the championship?　　**Who won**

③ あなたはどちらを取りますか。
_____ _____ you take?　　**Which will**

④ これはだれのかばんですか。
_____ _____ is this?　　**Whose bag**

⑤ あなたの誕生日はいつですか。
_____ _____ your birthday?　　**When is**

⑥ アンはどこへ行きましたか。
_____ _____ Ann go?　　**Where did**

⑦ トムはなぜ遅れたのですか。
_____ _____ Tom late?　　**Why was**

⑧ 絵美はどうやって学校に来るのですか。
_____ _____ Emi come to school?　　**How does**

⑨ あなたは卵がいくつ必要ですか。
_____ _____ eggs do you need?　　**How many**

ポイント

- 「何」「だれ」「だれのもの」「どちら」をたずねるときは，what, who, whose, which で文を始める。What is ...? や What do ...? などの形で使う。主語をたずねるときは「What＋動詞 ...?」などの形。
  what, whose, which は，あとに名詞を続けた形でも使う。
- 時，場所，理由，方法は when, where, why, how でたずねる。
- 値段や数，年齢などは，how のあとに語句を加えてたずねる。

17 打ち消しを表す文

実力チェック

●日本語に合うように，____に入る語を答えなさい。

① 私はきょうは仕事をするつもりはありません。
　_____ _____ going to work today. 　　I'm not

② 健は早起きではありません。
　Ken _____ _____ up early. 　　doesn't get

③ この箱を開けてはいけません。
　You _____ _____ open this box. 　　must not

④ 私はまったく英語が話せません。
　I _____ speak English at _____. 　　cannot（またはcan't），all

⑤ そこには食べ物がほとんどありません。
　There is _____ _____ there. 　　little food

⑥ 私はあまり上手に歌えません。
　I _____ sing _____ well. 　　cannot（またはcan't），very

●同意になるように，____に入る語を答えなさい。

⑦ The boys have no balls.
　The boys _____ have _____ balls. 　　don't, any

⑧ Ken didn't eat anything for lunch.
　Ken _____ _____ for lunch. 　　ate nothing

ポイント

- 打ち消しを表す文は，like, use などの動詞の前に do（または does, did）not。be や can, must, will などがあればそのあとに not。
- 打ち消しの意味は，「no ＋名詞」(= not any ...), nobody (= no one, not anybody), nothing (= not anything) でも表せる。「全然…ない」は not ... at all, 「決して…しない」は never ..., 数量が「ほとんどない」は few ... や little ..., 「あまりない」は not many ... や not much ...。

18 「…がある」「…がいる」を表す文

実力チェック

●日本語に合うように，___に入る語を答えなさい。

① ここにカードが数枚あります。
　_____ _____ some cards.　　**Here are**

② テーブルの上には皿があります。
　_____ _____ a dish on the table.　　**There is**

③ ここにハトがいます。
　_____ _____ a dove.　　**Here is**

④ 箱の中にはボールが2つ入っていました。
　_____ _____ two balls in the box.　　**There were**

●日本語に合うように，(　)内の正しい語順を答えなさい。

⑤ この市には動物園がありますか。
　(a zoo / there / is) in this city?　　**Is there a zoo**

⑥ この近くに郵便局はありません。
　(isn't / a post office / there) near here.　　**There isn't a post office**

⑦ 冷蔵庫には卵がいくつ入っていましたか。
　How many eggs (there / in / were) the refrigerator?　　**were there in**

ポイント

- 「ここに…がある」「ここに…がいる」は Here is（または are）…。
- 「〜に…がある」「〜に…がいる」は，「There is（または are）… + 場所を表す語句.」の形。過去のことなら was または were を使う。
「〜に…がありますか」「〜に…がいますか」は，is, are を there の前に出す。過去のことなら was, were を there の前に。
打ち消すときは，is や are, was, were のあとに not。

145

19 形式的に it を主語にする文

実力チェック

●日本語に合うように，＿＿に入る語を答えなさい。

① 外は暗い。
　＿＿＿＿ ＿＿＿＿ dark outside. 　　　It is

② きのうは1日中雨でした。
　＿＿＿＿ ＿＿＿＿ all day yesterday. 　It rained

③ 今，何時ですか。
　What time ＿＿＿＿ ＿＿＿＿ now? 　is it

④ ここから駅まで10分かかります。
　＿＿＿＿ ＿＿＿＿ ten minutes from here　It takes
　to the station.

⑤ ものをむだ使いするのはよくないことです。
　＿＿＿＿ is wrong ＿＿＿＿ waste things. 　It, to

●日本語に合うように，（　）内の正しい語順を答えなさい。

⑥ お年寄りに親切にすることはよいことです。
　(good / to / it's) be kind to old people. 　It's good to

⑦ 私にはその質問に答えるのはむずかしい。
　It is difficult (me / to / for) answer the　for me to
　question.

ポイント

- 天候や時間，距離などを表す文では，形式的に it を主語にする。
- 「…することは～だ」と言うときは，形式的に it を主語にして It is ～ to .... の形で表すことができる。
「～にとって」「～が」と to ... の行為をする人を示すときは，それを for ～ の形にして to ... の前に置く。

C 修飾する形

20 形容詞の働きをする語句(1)

実力チェック

●日本語に合うように，(　)内の正しい語順を答えなさい。

① 絵美は赤いかばんを持っています。
　Emi has (bag / red / a). — a red bag

② これは健の新しい自転車です。
　This is (new / Ken's / bike). — Ken's new bike

③ 男の子たちは全員体育館にいます。
　(the / boys / all) are in the gym. — All the boys

④ 3つ目の角を左に曲がりなさい。
　Turn left at (third / the / corner). — the third corner

⑤ 私たちは魚をたくさんとりました。
　We caught a (of / fish / lot). — lot of fish

⑥ 私は何枚か古い硬貨を持っています。
　I have (some / coins / old). — some old coins

⑦ コップに牛乳が少しあります。
　There's (milk / little / a) in the glass. — a little milk

⑧ 紙を1枚ください。
　Give me (piece / a / of) paper. — a piece of

ポイント

- 「赤い…」「高い…」などは「形容詞＋名詞」で表す。a, an, the や this, my, 数などはその前に置く。「そのすべての…」は all the …。「…番目の〜」は「the＋序数(first など)＋名詞」で表す。
- 「たくさんの…」は many …, much …, また a lot of …, lots of …。「少しの…」は a few …, a little …。
- 「1杯の…」は a cup of …, 「1切れの…」は a piece of …。

147

21 形容詞の働きをする語句(2)

実力チェック

●日本語に合うように，(　)内の正しい語順を答えなさい。

① 私は絵美からの手紙を読みました。
　I read (from / the / letter / Emi).　　*the letter from Emi*

② 私は何か温かいものが食べたい。
　I want to (hot / eat / something).　　*eat something hot*

③ 健はCDのたくさん入った箱を持っています。
　Ken has (a box / of / full) CDs.　　*a box full of*

④ 髪の長い女の子はアンです。
　(long hair / with / the girl) is Ann.　　*The girl with long hair*

⑤ トムはだれか手伝ってくれる人が必要です。
　Tom needs (help / someone / to) him.　　*someone to help*

⑥ その女の子には話をする友達がいません。
　The girl has no friends (talk / to / with).　　*to talk with*

⑦ 私たちはきょうは何もすることがありません。
　We have (do / to / nothing) today.　　*nothing to do*

⑧ 何か冷たい飲み物がありますか。
　Do you have (to / anything / cold) drink?　　*anything cold to*

ポイント

- 「…の中の〜」や「…からの〜」などは，「名詞＋in（またはfromなど）…」の形で表す。「何か…なもの」「だれか…な人」は，「-thing（または -one, -body）＋形容詞」。
- 形容詞が of ... や to ... などをともなうときは名詞をうしろから修飾。
- 「…すべき〜」「…するための〜」は，「名詞（または -thing など）＋to＋動詞の原形」で表す。

22 副詞の働きをする語句(1)

実力チェック

●日本語に合うように，___に入る語を答えなさい。

① 絵美はときどきここに来ます。
　Emi _____ comes _____.
　　　　　　　　　　　　　　　　sometimes, here

② 健だけが時間通りに着きました。
　_____ Ken arrived _____ time.
　　　　　　　　　　　　　　　　Only, on

③ あとで電話をかけなおしていただけますか。
　Could you call _____ _____?
　　　　　　　　　　　　　　　　back later

④ アンは何も言わないで通りすぎました。
　Ann passed _____ _____ any words.
　　　　　　　　　　　　　　　　without saying

●日本語に合うように，(　)内の正しい語順を答えなさい。

⑤ 私はほとんどいつも6時に起きます。
　(always / I / almost) get up at six.
　　　　　　　　　　　　　　　　I almost always

⑥ 私は先週，健とそこへ行きました。
　I went (with Ken / last / there) week.
　　　　　　　　　　　　　　　　there with Ken last

⑦ トムはきのうは実によく働きました。
　Tom worked (hard / yesterday / very).
　　　　　　　　　　　　　　　　very hard yesterday

ポイント

- often, soon などは，文頭・文尾，動詞の前，be や can, will などのあとで動詞を修飾。形容詞や副詞を修飾するときはその前にくる。
- 副詞が並ぶときはふつう，「場所＋様子＋時」の順。at ..., last ..., by ... などで表すときも同じ。
- only や also, too などは，位置や前後関係で何を修飾するか異なる。almost は all, always, no の前，else は what, -thing などのあと。up, down などは，動詞と結びついて連語として使うことが多い。

23 副詞の働きをする語句(2)

実力チェック

●日本語に合うように,(　)内の正しい語順を答えなさい。

① 私はケーキを作るのに卵がいくつか必要です。
I need some eggs (a cake / to / make). 　　to make a cake

② 私はあなたを手伝うためにここに来たのです。
I'm here (help / you / to). 　　to help you

③ あなたは箱を開けるのに何を使いましたか。
What did you use (to / the box / open) ? 　　to open the box

④ トムはつりに行くために早起きしました。
Tom got up (go / early / to) fishing. 　　early to go

⑤ 私はその知らせを聞いてとてもうれしい。
I'm very (hear / to / glad) the news. 　　glad to hear

⑥ 出かける準備はできていますか。
Are you (to / ready / go) ? 　　ready to go

⑦ このかばんは重すぎて運べません。
This bag is (to / too / heavy) carry. 　　too heavy to

⑧ この質問は答えるのが簡単です。
This question is (easy / answer / to). 　　easy to answer

ポイント

- 「…するために」「…するのに」と行動の目的や意図を表すときは,「to+動詞の原形」を使う。
- 「…してうれしい」「…して悲しい」などは,感情を表す形容詞のあとに,その原因を表す「to+動詞の原形」を置く。be ready や be easy などに「…する(のが)」と説明を加えるときも,あとに to ... を続ける。「~すぎて…できない」は too ~ to ... の形で表す。

24 比較を表す形(1)

実力チェック

●日本語に合うように，＿＿に入る語を答えなさい。

① タマはこのねこより大きい。
　Tama is ＿＿＿ ＿＿＿ this cat. —— bigger than

② トムは私たち全員のうちでいちばん背が高い。
　Tom is the ＿＿＿ ＿＿＿ us all. —— tallest of

③ もっとゆっくり話してください。
　Please speak ＿＿＿ ＿＿＿. —— more slowly

④ 数学は私にはいちばんむずかしい。
　Math is the ＿＿＿ ＿＿＿ for me. —— most difficult

⑤ コアラはパンダと同じくらいの人気です。
　Koalas are ＿＿＿ ＿＿＿ as pandas. —— as popular

●日本語に合うように，（　）内の正しい語順を答えなさい。

⑥ 私はあなたほど忙しくありません。
　I'm (busy / not / as) as you. —— not as busy

⑦ 富士山は日本でいちばん高い山です。
　Mt. Fuji is (mountain / highest / the) in Japan. —— the highest mountain

ポイント

- 「より…」と比較を表すときは，形容詞や副詞を -er の形にする。つづりの長い語は前に more をつける。「～より」は than ～ で表す。
- 「いちばん…」は，形容詞や副詞を -est の形にする。ふつう the をつける。つづりの長い語は前に most。「～の中で」は in ～ や of ～。
- 「～と同じくらい…」は，「as + 形容詞（または副詞）+ as ～」で表す。打ち消しの形にすると「～ほど…でない」の意味になる。

151

25 比較を表す形(2)

実力チェック

●(　)内の語を正しい形にかえなさい。

① This bike is (good) than mine. — better
② I ate (much) cake than Ann. — more
③ Ken sings the (well) in his class. — best
④ I caught the (many) fish of us all. — most

●日本語に合うように、＿＿に入る語を答えなさい。

⑤ あなたはどんな食べ物がいちばん好きですか。
　What food do you like ＿＿＿＿ ＿＿＿＿? — the best
⑥ 私はあなたよりずっと年上です。
　I'm ＿＿＿＿ ＿＿＿＿ than you. — much older
⑦ もう少し紅茶をいかがですか。
　Would you like ＿＿＿＿ ＿＿＿＿ tea? — some more
⑧ ますます暗くなってきています。
　It's getting ＿＿＿＿ and ＿＿＿＿. — darker, darker
⑨ このロープはそちらの3倍の長さです。
　This rope is three ＿＿＿＿ as ＿＿＿＿ as that one. — times, long

ポイント

- 比較を表す形が不規則に変化するのは、good / well → better → best や bad → worse → worst、また many / much → more → most。「…がより好き」は like ... better、「…がいちばん好き」は like ... the best の形を使う。「もう少しの…」は some more ... で表す。
- 「ずっと…」は「much + 比較級」、「さらに…」は「even + 比較級」。
- 「ますます…」は -er and -er。「〜の一倍の…」は「数 + times as ... as 〜」で表し、「2倍の」なら twice、「半分の」は half を使う。

26 形容詞の働きをする語句(3)

実力チェック

●日本語に合うように、(　)内の動詞を正しい形にかえなさい。

① おりの中には眠っているライオンがいました。
There was a (sleep) lion in the cage. ……… sleeping

② 私はゆで卵を2つ食べました。
I ate two (boil) eggs. ……… boiled

③ 私たちに笑いかけている女の子は絵美です。
The girl (smile) at us is Emi. ……… smiling

④ 私はタカと呼ばれる男の人を知っています。
I know the man (call) Taka. ……… called

●日本語に合うように、(　)内の正しい語順を答えなさい。

⑤ ジェーンと話している男の子は健です。
The (talking / with / boy) Jane is Ken. ……… boy talking with

⑥ ここでとれる魚はおいしい。
The (here / caught / fish) are good. ……… fish caught here

⑦ アンは泣いている男の子に話しかけました。
Ann talked to (a / boy / crying). ……… a crying boy

⑧ あれは木造のお寺です。
That is a (of / built / temple) wood. ……… temple built of

ポイント

- 「…している〜」は動詞の -ing形を使って表す。-ing形を単独で使うときは「-ing形+名詞」、語句をともなうときは「名詞+-ing形+語句」。
- 「…された〜」や「…され(てい)る〜」は過去分詞で表す。単独で使うときは「過去分詞+名詞」、語句をともなうときは「名詞+過去分詞+語句」。

27 副詞の働きをする文

実力チェック

●日本語に合うように，＿＿に入る語を答えなさい。

□① 私がそこに着くころには，暗くなっているでしょう。
　＿＿＿＿ I ＿＿＿＿ there, it'll be dark.　　　When, get（または arrive）

□② アンが来てから食事にしましょう。
　Let's have dinner ＿＿＿＿ Ann ＿＿＿＿.　　after, comes

□③ 私が帰宅するとすぐに電話が鳴りだしました。
　＿＿＿＿ ＿＿＿＿ as I got home, the telephone began to ring.　　As soon

□④ コートを着ないで出かけるとかぜをひくよ。
　You'll catch cold ＿＿＿＿ you ＿＿＿＿ out without a coat.　　if, go

□⑤ とても暑かったのでよく眠れませんでした。
　I couldn't sleep well ＿＿＿＿ it ＿＿＿＿ very hot.　　because, was

□⑥ 私はとても疲れているので動けません。
　I'm ＿＿＿＿ tired ＿＿＿＿ I cannot move.　　so, that

ポイント

- 「…するとき」や「…する前に」などは，「when（または before など）+文」で表す。その中では，これからのことでも動詞は現在形で表す。
- 「…だから」は「because+文」，「（もし）…ならば」は「if+文」で表す。if ... の中では，これからのことでも動詞は現在形で表す。
- 「とても～なので…」は「so ～ that+文」で表す（=「～ enough to+動詞の原形」）。「とても～なので…できない」は，that 以下を打ち消しの形にする（=「too ～ to+動詞の原形」）。

28 形容詞の働きをする文

実力チェック

●日本語に合うように，(　)内の正しい語順を答えなさい。

① これはアンがあなたのために作った料理です。
　This is (Ann / a dish / cooked) for you.　　　a dish Ann cooked

② 私が乗った電車は野木にとまりませんでした。
　(which / I / the train) took didn't stop at Nogi.　　　The train which I

③ 私は牛乳の好きなねこを飼っています。
　I have (likes / a cat / which) milk.　　　a cat which likes

④ 船には助けを求める男の子がいました。
　There was a boy (for / asked / who) help on the ship.　　　who asked for

⑤ 健が駅で迎えた女の人は彼のおばさんでした。
　(met / the woman / Ken) at the station was his aunt.　　　The woman Ken met

⑥ そこで出される食べ物はすべておいしい。
　All (are / that / the food) served there are delicious.　　　the food that are

ポイント

- 「アンが作った〜」などは，「主語＋動詞 ...」を名詞や代名詞のあとに続けて表す。その名詞・代名詞は修飾する文の動詞の目的語にあたる。名詞・代名詞が「人」のときはそのあとに「who＋主語＋動詞 ...」，「もの・動物」のときは「which＋主語＋動詞 ...」の形を続けても表せる。
- 「…する男の子」「…するねこ」などは，名詞や代名詞のあとに「who（または which）＋動詞 ...」を続ける。

155

英語　入試情報

●**出題形式は長文総合問題が中心**
- 長文の内容についての問題が多く，内容に合う文の補充や内容の日本語での記述，内容真偽などの形式がある。また，内容に合う語句の補充などの語い力を問う問題も出る。

●**動詞の形**
- 主語と「時」がポイント。とくによく出題されるのは，現在と過去のことを表す形。適語補充や英作文の形式が多い。
- 「現在」なら主語が第三者で単数のときの **-s**, **-es** のつけ方，「過去」なら **was**, **were** の使い分け，**-ed**形の作り方，また **made**, **had** などの変化形に注意。
- **can**, **must**, **will** などは，会話文中でよく問われる。

●**文の形**
- ものをたずねる文がよく出題される。とくに **what** や **when**, **where**, **how** を使う文が多い。そのあとの語順にも注意。
- 目的語になる語句では「**to**＋動詞の原形」が中心。それを目的語にとる動詞と組み合わせて覚えておく。
- 目的語になる文の出題も多い。「**think** (**that**)＋主語＋動詞 ...」や「**know what**＋主語＋動詞 ...」などで，整序作文でよく問われる。

●**修飾する形**
- 「**to**＋動詞の原形」が代表的。名詞や代名詞を修飾する使い方，「…するために」と目的を表す使い方に慣れておく。
- 名詞や代名詞を修飾する **-ing**形，過去分詞は適語選択や語形変化の形式で問われることが多い。
- **when** や **if**, **because** などを使う文は，部分英作文の形式でよく問われる。名詞や代名詞を修飾する **who ...**, **which ...** なども同じ。

数学

1 正負の数	158
2 文字式の表し方	159
3 文字式の計算	160
4 式の展開	161
5 因数分解	162
6 平方根	163
7 1次方程式	164
8 連立方程式	165
9 2次方程式	166
10 方程式の利用	167
11 比例と反比例	168
12 1次関数	169
13 関数 $y=ax^2$	170
14 平面図形	171
15 空間図形	172
16 平行線と角	173
17 合同な図形	174
18 平行四辺形	175
19 相似な図形	176
20 平行線と比	177
21 相似な図形の面積比と体積比	178
22 円周角の定理	179
23 三平方の定理	180
24 三平方の定理と平面図形	181
25 三平方の定理と空間図形	182
26 確率	183
27 資料の整理と代表値	184
28 標本調査	185
入試情報	186

●項目ごとに,
「一問一答」形式の
問題で構成しています。

　易しい問題は,暗記用フィルターを使ってすぐに答えを確認できます。計算が必要な問題では,ノートを用意して問題を解いてから,答えが合っているか確認しましょう。

1 正負の数

実力チェック

〔**加法・減法**〕 次の計算をしなさい。

- □① $(-4)+(+7)$　　　　　　　3
- □② $(-6)+(-9)$　　　　　　　-15
- □③ $(-7)-(-6)$　　　　　　　-1
- □④ $2-5$　　　　　　　　　　-3
- □⑤ $(+7)-(+6)-(-4)+(-3)$　2

〔**乗法・除法**〕 次の計算をしなさい。

- □⑥ $(-6)\times(+5)$　　　　　　-30
- □⑦ $(-8)\times(-5)$　　　　　　40
- □⑧ $(-3)^2$　　　　　　　　　9
- □⑨ -3^2　　　　　　　　　　-9
- □⑩ $(-18)\div(-6)$　　　　　　3
- □⑪ $\left(-\dfrac{3}{4}\right)\div 6$　　　　　　$-\dfrac{1}{8}$
- □⑫ $\dfrac{2}{3}\times\left(-\dfrac{1}{2}\right)\div\dfrac{3}{5}$　　　　$-\dfrac{5}{9}$

〔**四則の混じった計算**〕 次の計算をしなさい。

- □⑬ $4-5\times(-3)$　　　　　　19
- □⑭ $8+12\div(-4)$　　　　　　5
- □⑮ $5^2-8\div 2$　　　　　　　21
- □⑯ $4-3^2\times\left(-\dfrac{2}{3}\right)$　　　　　10
- □⑰ $\dfrac{1}{8}-\left(-\dfrac{3}{4}\right)^2\div\dfrac{1}{2}$　　　-1
- □⑱ $7-2\times(-3)-8\div(-2)$　17
- □⑲ $-6^2\div 2-2\times(-3)^2$　　-36

2 文字式の表し方

実力チェック

〔文字式の利用〕

□① n を整数とするとき,5の倍数を文字を使った式で表しなさい。 — $5n$

□② 半径 r cm の円の面積を文字を使った式で表しなさい。 — $\pi r^2 (\text{cm}^2)$

□③ 十の位が a,一の位が b である2けたの自然数を文字を使った式で表しなさい。 — $10a+b$

〔等式・不等式〕

□④ x と4の和を6倍したら y になった。この数量の関係を等式で表しなさい。 — $6(x+4)=y$

□⑤ a の3倍に b を加えた数は10以上である。この数量の関係を不等式で表しなさい。 — $3a+b \geqq 10$

□⑥ 20個のりんごを x 人に4個ずつ配ったら,たりなかった。この数量の関係を不等式で表しなさい。 — $4x>20$

□⑦ 時速 x km で2時間走ったら,y km 以上進んだ,この数量の関係を不等式で表しなさい。 — $2x \geqq y$

□⑧ 重さ1kg の箱に,1個2kg の品物を x 個入れたら,全体の重さが10kg より軽かった。この数量の関係を不等式で表しなさい。 — $2x+1<10$

〔式の値〕

□⑨ $x=-3$ のとき,$4x+5$ の値を求めなさい。 — -7

□⑩ $x=2$ のとき,$-x^2$ の値を求めなさい。 — -4

□⑪ $x=3$,$y=-1$ のとき,$20x^2y$ の値を求めなさい。 — -180

□⑫ $a=-4$,$b=3$ のとき,a^2-2b の値を求めなさい。 — 10

数学

3 文字式の計算

実力チェック

〔加法・減法〕 次の計算をしなさい。

① $(x+5)-(2x-1)$　　　　　　　　　　　$-x+6$

② $(8a+2)+(3a+6)$　　　　　　　　　　$11a+8$

③ $(3x-2y)-(x-4y)$　　　　　　　　　　$2x+2y$

〔乗法・除法〕 次の計算をしなさい。

④ $(-2x)\times 4$　　　　　　　　　　　　$-8x$

⑤ $3a\times 4b$　　　　　　　　　　　　　$12ab$

⑥ $4a\times ab^3$　　　　　　　　　　　　$4a^2b^3$

⑦ $10a\div 5$　　　　　　　　　　　　　$2a$

⑧ $5xy^2\div(-10x^2y)$　　　　　　　　　$-\dfrac{y}{2x}$

⑨ $3(5x-2y)$　　　　　　　　　　　　　$15x-6y$

⑩ $(12x-9)\div(-3)$　　　　　　　　　　$-4x+3$

⑪ $6x\times(-2y)^2\div 8xy$　　　　　　　　$3y$

〔いろいろな計算〕 次の計算をしなさい。

⑫ $2(2a-1)+3a$　　　　　　　　　　　$7a-2$

⑬ $8(7a+5)-4(9-a)$　　　　　　　　　$60a+4$

⑭ $3(4x-2y)-2(5x+y)$　　　　　　　　$2x-8y$

⑮ $\dfrac{x-y}{4}+\dfrac{x+3y}{2}$　　　　　　　　　$\dfrac{3x+5y}{4}$

⑯ $\dfrac{2a-3b}{5}-\dfrac{4a-2b}{3}$　　　　　　　　$\dfrac{-14a+b}{15}$

〔等式の変形〕

⑰ $5x+y=10$ を x について解きなさい。　　$x=-\dfrac{1}{5}y+2$

⑱ $\dfrac{1}{2}ab=5$ を b について解きなさい。　　$b=\dfrac{10}{a}$

⑲ $2a+3b=5$ を b について解きなさい。　　$b=\dfrac{-2a+5}{3}$

4 式の展開

実力チェック

〔多項式と単項式の除法〕 次の計算をしなさい。

① $(12x^2+9x) \div 3x$　　　　　　　　　　$4x+3$

② $(3a^2+6ab) \div \dfrac{3}{2}a$　　　　　　　　$2a+4b$

〔展開〕 次の式を展開しなさい。

③ $(x+2)(y+3)$　　　　　　　　$xy+3x+2y+6$

④ $(x+3)(x+2)$　　　　　　　　x^2+5x+6

⑤ $(x-2)(x+8)$　　　　　　　　$x^2+6x-16$

⑥ $(x+4)^2$　　　　　　　　　　$x^2+8x+16$

⑦ $(x-6)^2$　　　　　　　　　　$x^2-12x+36$

⑧ $(x+a)(x-a)$　　　　　　　　x^2-a^2

⑨ $(x+2)(x-2)$　　　　　　　　x^2-4

〔いろいろな展開〕 次の式を展開しなさい。

⑩ $(3x+5y)(3x-5y)$　　　　　　$9x^2-25y^2$

⑪ $(x+5)(x-5)+2x$　　　　　　$x^2+2x-25$

⑫ $(x+4)(x-2)-(x-3)^2$　　　　$8x-17$

⑬ $(2x+y)(2x-5y)-4(x-y)^2$　　$-9y^2$

〔計算のくふう〕

⑭ 103×97 をくふうして計算しなさい。　　9991

⑮ 98^2 をくふうして計算しなさい。　　　　9604

〔展開の利用〕

⑯ 2，3，4や5，6，7のような，中央の数が　　$N=12n$
3の倍数である連続する3つの整数において，
もっとも大きい数の2乗からもっとも小さい数
の2乗をひいた差をNとする。中央の数を$3n$で
表すとき，Nを文字を使った式で表しなさい。

5 因数分解

実力チェック

〔因数分解〕 次の式を因数分解しなさい。

① $2a^2b - 6ab^2$ $2ab(a-3b)$

② $x^2 + 6x + 8$ $(x+2)(x+4)$

③ $x^2 - 8x + 12$ $(x-2)(x-6)$

④ $x^2 - 13x + 40$ $(x-5)(x-8)$

⑤ $x^2 + 14x + 49$ $(x+7)^2$

⑥ $x^2 - 6x + 9$ $(x-3)^2$

⑦ $x^2 - a^2$ $(x+a)(x-a)$

⑧ $x^2 - 25$ $(x+5)(x-5)$

〔いろいろな因数分解〕 次の式を因数分解しなさい。

⑨ $27x^2 - 3$ $3(3x+1)(3x-1)$

⑩ $ax^2 + 2ax - 8a$ $a(x+4)(x-2)$

⑪ $x^2 + 8xy + 16y^2$ $(x+4y)^2$

⑫ $2x^2y - 10xy - 12y$ $2y(x+1)(x-6)$

⑬ $(x+4)(x-6) - 11$ $(x+5)(x-7)$

⑭ $(x+4y)(x-4y) + 6xy$ $(x+8y)(x-2y)$

⑮ $(a-b)^2 - 10(a-b) + 25$ $(a-b-5)^2$

〔計算のくふう〕

⑯ $72^2 - 28^2$ をくふうして計算しなさい。   4400

⑰ $55^2 \times 17 - 45^2 \times 17$ をくふうして計算しなさい。   17000

〔式の値〕

⑱ $x = 96$ のとき,$x^2 + 8x + 16$ の値を求めなさい。   10000

⑲ $x = 6.3$,$y = 3.7$ のとき,$x^2 + 2xy + y^2$ の値を求めなさい。   100

⑳ $a = 54$,$b = 34$ のとき,$a^2 - 2ab + b^2$ の値を求めなさい。   400

6 平方根

実力チェック

〔平方根〕

① 64の平方根をいいなさい。 　　　　　　　　　±8

② 8の平方根をいいなさい。 　　　　　　　　　±2$\sqrt{2}$

③ $\sqrt{169}$ を根号を使わずに表しなさい。 　　13

④ $\sqrt{98}$ を $a\sqrt{b}$ の形で表しなさい。 　　　7$\sqrt{2}$

⑤ 6と $\sqrt{34}$ の大小を，不等号を使って表しなさい。 　6>$\sqrt{34}$

〔乗法・除法〕 次の計算をしなさい。

⑥ $\sqrt{3} \times \sqrt{5}$ 　　　　　　　　　　　$\sqrt{15}$

⑦ $\sqrt{6} \times \sqrt{15}$ 　　　　　　　　　　3$\sqrt{10}$

⑧ $\sqrt{15} \div \sqrt{3}$ 　　　　　　　　　　　$\sqrt{5}$

⑨ $\sqrt{6} \div \sqrt{2} \times \sqrt{3}$ 　　　　　　　　3

⑩ $3\sqrt{5} \div 2\sqrt{3}$ 　　　　　　　　　$\dfrac{\sqrt{15}}{2}$

〔加法・減法〕 次の計算をしなさい。

⑪ $5\sqrt{3} + 2\sqrt{3}$ 　　　　　　　　　　7$\sqrt{3}$

⑫ $3\sqrt{2} - 5\sqrt{3} + \sqrt{2}$ 　　　　　　　$4\sqrt{2} - 5\sqrt{3}$

⑬ $\dfrac{4}{\sqrt{2}} - 5\sqrt{2}$ 　　　　　　　　　$-3\sqrt{2}$

〔いろいろな計算〕 次の計算をしなさい。

⑭ $\sqrt{24} - \sqrt{2} \times \sqrt{3}$ 　　　　　　　$\sqrt{6}$

⑮ $(-\sqrt{8}) \div \sqrt{2} + 4$ 　　　　　　　2

⑯ $\sqrt{3}(\sqrt{3} - 3) - \dfrac{6}{\sqrt{3}}$ 　　　　　$3 - 5\sqrt{3}$

⑰ $(\sqrt{5} - \sqrt{3})^2$ 　　　　　　　　　$8 - 2\sqrt{15}$

⑱ $(\sqrt{3} + 3)(\sqrt{3} - 1)$ 　　　　　　　$2\sqrt{3}$

⑲ $(\sqrt{7} - 2)(\sqrt{7} + 2)$ 　　　　　　　3

⑳ $(\sqrt{3} + \sqrt{2})^2 - (\sqrt{3} - \sqrt{2})^2$ 　　　$4\sqrt{6}$

7　1次方程式

実力チェック

〔等式の性質による解き方〕　次の方程式を解きなさい。

① $x-3=2$　　　　　　　　　　　　　　　　　$x=5$

② $x+4=11$　　　　　　　　　　　　　　　　$x=7$

③ $\dfrac{1}{3}x=4$　　　　　　　　　　　　　　　　　$x=12$

④ $7x=-14$　　　　　　　　　　　　　　　　$x=-2$

〔移項による解き方〕　次の方程式を解きなさい。

⑤ $4-x=x$　　　　　　　　　　　　　　　　　$x=2$

⑥ $7x-4=5x+6$　　　　　　　　　　　　　　$x=5$

⑦ $2x+3=-4x+7$　　　　　　　　　　　　　$x=\dfrac{2}{3}$

⑧ $x+6=4x-7$　　　　　　　　　　　　　　$x=\dfrac{13}{3}$

〔いろいろな方程式〕　次の方程式を解きなさい。

⑨ $5x-7=4(x-1)$　　　　　　　　　　　　　$x=3$

⑩ $3(x+2)=5(x-2)$　　　　　　　　　　　　$x=8$

⑪ $0.3x+2=1.4$　　　　　　　　　　　　　　$x=-2$

⑫ $1.2x+0.5=0.6x-1.9$　　　　　　　　　　$x=-4$

⑬ $\dfrac{3}{7}x-2=\dfrac{2}{3}x-7$　　　　　　　　　　　　　$x=21$

⑭ $\dfrac{1}{2}x-1=\dfrac{x-2}{5}$　　　　　　　　　　　　　$x=2$

⑮ $\dfrac{2x+3}{5}=\dfrac{x+2}{4}+1$　　　　　　　　　　　$x=6$

〔1次方程式の解の意味〕

⑯ x についての1次方程式 $3x+a=8$ の解が $x=5$ であるとき，a の値を求めなさい。　　　　　　$a=-7$

8 連立方程式

実力チェック

〔**加減法による解き方**〕 次の連立方程式を解きなさい。

① $\begin{cases} 3x+2y=2 \\ 5x-2y=14 \end{cases}$ $x=2,\ y=-2$

② $\begin{cases} 2x-3y=-9 \\ 4x+5y=-7 \end{cases}$ $x=-3,\ y=1$

③ $\begin{cases} 2x-3y=5 \\ 5x+2y=-16 \end{cases}$ $x=-2,\ y=-3$

〔**代入法による解き方**〕 次の連立方程式を解きなさい。

④ $\begin{cases} 3x-2y=4 \\ y=2x+3 \end{cases}$ $x=-10,\ y=-17$

⑤ $\begin{cases} x=-3y+2 \\ 2x+y=-1 \end{cases}$ $x=-1,\ y=1$

〔**いろいろな連立方程式**〕 次の連立方程式を解きなさい。

⑥ $\begin{cases} x-3y=-11 \\ \dfrac{x}{2}-\dfrac{y}{5}=1 \end{cases}$ $x=4,\ y=5$

⑦ $\begin{cases} \dfrac{x+y}{2}-\dfrac{y}{3}=1 \\ x+2y=2 \end{cases}$ $x=2,\ y=0$

⑧ $\begin{cases} 0.2x+0.3y=1 \\ x-14=3y \end{cases}$ $x=8,\ y=-2$

⑨ $x+3y=5x+y=14$ $x=2,\ y=4$

〔**連立方程式の解の意味**〕

⑩ 連立方程式 $\begin{cases} 4x+ay=8 \\ 3x+2y=11 \end{cases}$ の解が $x=b,\ y=-2$ $a=6,\ b=5$

であるとき、$a,\ b$の値をそれぞれ求めなさい。

9 2次方程式

実力チェック

〔平方根による解き方〕 次の2次方程式を解きなさい。

① $x^2 = 64$ 　　　　　　　　　　　$x = \pm 8$

② $x^2 - 16 = 0$ 　　　　　　　　　$x = \pm 4$

③ $9x^2 - 2 = 0$ 　　　　　　　　　$x = \pm \dfrac{\sqrt{2}}{3}$

④ $(x+5)^2 = 7$ 　　　　　　　　　$x = -5 \pm \sqrt{7}$

⑤ $(x-6)^2 = 13$ 　　　　　　　　 $x = 6 \pm \sqrt{13}$

⑥ $4(x+2)^2 = 36$ 　　　　　　　　$x = 1, -5$

〔解の公式による解き方〕 次の2次方程式を解きなさい。

⑦ $x^2 + 5x + 3 = 0$ 　　　　　　　$x = \dfrac{-5 \pm \sqrt{13}}{2}$

⑧ $2x^2 - 4x + 1 = 0$ 　　　　　　 $x = \dfrac{2 \pm \sqrt{2}}{2}$

⑨ $x^2 - 2x - 1 = 0$ 　　　　　　　$x = 1 \pm \sqrt{2}$

⑩ $3x^2 + 2x - 8 = 0$ 　　　　　　 $x = \dfrac{4}{3}, -2$

〔因数分解による解き方〕 次の2次方程式を解きなさい。

⑪ $(x-2)(x+6) = 0$ 　　　　　　　$x = 2, -6$

⑫ $x^2 - 6x + 5 = 0$ 　　　　　　　$x = 1, 5$

⑬ $x^2 - 5x - 6 = 0$ 　　　　　　　$x = -1, 6$

⑭ $x^2 - 8x + 16 = 0$ 　　　　　　 $x = 4$

〔いろいろな2次方程式〕 次の2次方程式を解きなさい。

⑮ $(x+3)(x-2) = 2x$ 　　　　　　　$x = -2, 3$

⑯ $(x+1)(x-1) = 5x - x^2$ 　　　　 $x = \dfrac{5 \pm \sqrt{33}}{4}$

〔2次方程式の解の意味〕

⑰ x についての2次方程式 $x^2 + ax + 2 = a$ の1つの解が $x = -2$ のとき，他の解を求めなさい。　　他の解は $x = 0$

10 方程式の利用

実力チェック

〔1次方程式の文章題〕

① 何人かで海に行き、貝をひろった。1人8個ずつ分けると5個余り、9個ずつ分けるには2個たりない。海に行った人は何人か求めなさい。

7人

② a kmの道のりを時速4 kmで進むのにかかる時間は、$(a+1)$ kmの道のりを時速9 kmで進むのにかかる時間より1時間多い。a の値を求めなさい。

$a=8$

〔連立方程式の文章題〕

③ ある青果店で、みかん3個とりんご4個を買い、510円支払った。さらに、贈り物用として、同じみかん7個とりんご9個をかごに入れて買い、かごの代金140円をふくめて1300円を支払った。みかん1個、りんご1個の値段はそれぞれいくらか、求めなさい。

みかん1個50円,
りんご1個90円

④ 花子さんは、ノート1冊とボールペン1本を買った。定価の合計は450円であったが、ノートは定価の20％引きで、ボールペンは定価の10％引きで売っていたので、代金の合計は390円であった。ノート1冊とボールペン1本の定価をそれぞれ求めなさい。

ノート1冊150円,
ボールペン1本
300円

〔2次方程式の文章題〕

⑤ 連続した3つの自然数があり、もっとも大きい数と2番目に大きい数の2つの数の積は、もっとも小さい数の6倍より20大きくなった。もっとも小さい数を x として方程式をつくり、3つの自然数を求めなさい。

6, 7, 8

11 比例と反比例

実力チェック

〔比例〕

□① y は x に比例し，$x=2$ のとき $y=-6$ である。y を x の式で表しなさい。

$y=-3x$

□② y は x に比例し，x の値が3増加するとき，y の値は4減少する。y を x の式で表しなさい。

$y=-\dfrac{4}{3}x$

□③ ②において，y の値が6のときの x の値を求めなさい。

$x=-\dfrac{9}{2}$

〔反比例〕

□④ y は x に反比例し，比例定数は18である。$x=4$ のときの y の値を求めなさい。

$y=\dfrac{9}{2}$

□⑤ 面積が $18\,cm^2$ の三角形がある。底辺を $x\,cm$，高さを $y\,cm$ とするとき，x と y の間にはどんな関係があるか，答えなさい。

反比例の関係がある

〔比例・反比例とグラフ〕

□⑥ 右の図の①，②のグラフを表す式を，次のア〜エから選びなさい。

ア $y=\dfrac{3}{4}x$ イ $y=-\dfrac{3}{4}x$
ウ $y=\dfrac{6}{x}$ エ $y=-\dfrac{6}{x}$

①…ア
②…エ

□⑦ 右の図のように，関数 $y=\dfrac{24}{x}$ とそのグラフ上の点Aを通る関数 $y=ax$ のグラフがある。点Aの x 座標が6のとき，a の値を求めなさい。

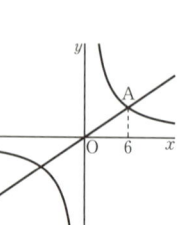

$a=\dfrac{2}{3}$

12 1次関数

実力チェック

[1次関数]

① y は x の1次関数で，$x=-1$ のとき $y=3$，$x=1$ のとき $y=-1$ である。この関数の変化の割合を求めなさい。
　-2

② グラフの傾きが -5 で，切片が 4 となる1次関数の式を求めなさい。
　$y=-5x+4$

③ 変化の割合が $-\dfrac{1}{2}$ で，$x=2$ のとき，$y=-6$ となる1次関数の式を求めなさい。
　$y=-\dfrac{1}{2}x-5$

④ y が x の1次関数で，そのグラフが2点 $(2, -3)$，$(5, -9)$ を通るとき，この1次関数の式を求めなさい。
　$y=-2x+1$

[変域]

⑤ 1次関数 $y=2x-1$ において，x の変域が $-1 \leqq x \leqq 3$ のとき，y の変域を求めなさい。
　$-3 \leqq y \leqq 5$

⑥ 1次関数 $y=-x+3$ において，x の変域が $-2 \leqq x \leqq 6$ のときの y の変域を求めなさい。
　$-3 \leqq y \leqq 5$

[2元1次方程式のグラフ]

⑦ 方程式 $8x+2y-4=0$ のグラフの傾きと切片をそれぞれ求めなさい。
　傾き -4，切片 2

⑧ 右の図のように，2点 $(0, 6)$，$(-3, 0)$ を通る直線 ℓ と 2点 $(0, 10)$，$(10, 0)$ を通る直線 m がある。このとき，直線 ℓ と m の交点 A の座標を求めなさい。
　$\left(\dfrac{4}{3}, \dfrac{26}{3}\right)$

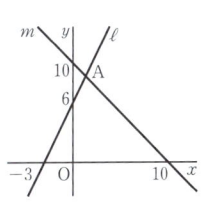

13 関数 $y=ax^2$

実力チェック

〔2乗に比例する関数〕

□① y は x の2乗に比例し，$x=2$ のとき $y=-8$ である。このとき，y を x の式で表しなさい。　　$y=-2x^2$

□② ①において，$x=-3$ のときの y の値を求めなさい。　　$y=-18$

〔変化の割合〕

□③ 関数 $y=-3x^2$ について，x の値が 2 から 4 まで変化するときの変化の割合を求めなさい。　　-18

□④ 関数 $y=-3x^2$ について，x の値が -5 から -1 まで変化するときの変化の割合を求めなさい。　　18

〔変域〕

□⑤ 関数 $y=x^2$ について，x の変域が $-3\leqq x\leqq -1$ ときの，y の変域を求めなさい。　　$1\leqq y\leqq 9$

□⑥ 関数 $y=x^2$ について，x の変域が $-1\leqq x\leqq 2$ ときの y の変域を求めなさい。　　$0\leqq y\leqq 4$

□⑦ 関数 $y=ax^2$ について，x の変域が $-4\leqq x\leqq 2$ のとき，y の変域は $0\leqq y\leqq 12$ となる。このときの a の値を求めなさい。　　$a=\dfrac{3}{4}$

〔関数 $y=ax^2$ のグラフ〕

□⑧ 右の図のように，関数 $y=ax^2 (a>0)$ のグラフ上で，x 座標が 3 である点を A とする。また，点 A を通り，y 軸に平行な直線が，関数 $y=2x-7$ のグラフと交わる点を B とする。AB=4 となるときの a の値を求めなさい。　　$a=\dfrac{1}{3}$

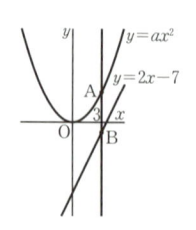

14 平面図形

実力チェック

〔平行移動・対称移動・回転移動〕

□① 右の図で，△A′B′C′ は △ABC を矢印 OP の方向に OP の長さだけ平行移動させたものである。

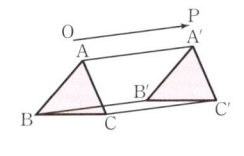

矢印 OP と長さの等しい線分をすべて答えなさい。

線分 AA′，線分 BB′，線分 CC′

□② 下の図で，四角形㋐を対称移動させた図と，四角形㋐を回転移動させた図をそれぞれ答えなさい。

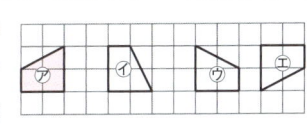

対称移動…㋒
回転移動…㋑，㋓

〔垂直二等分線・角の二等分線の作図〕

□③ 右の図の線分 AB の垂直二等分線を次のように作図した。□の中をうめなさい。

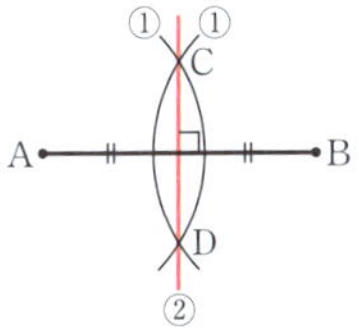

①A，□を中心とする等しい□の円をかき，2つの交点をC，Dとする。

②直線□をひく。

B
半径
CD

□④ 右の図の∠AOBの二等分線を次のように作図した。□の中をうめなさい。

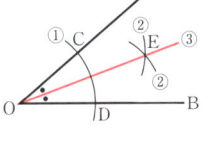

①Oを中心とする，□をかき，角の2辺との交点をC，Dとする。

②C，Dを中心とする等しい□の円をかき，交点をEとする。

③半直線□をひく。

円
半径
OE

171

15 空間図形

実力チェック

〔直線と平面の位置関係〕

□① 右の図の三角柱について，直線ABと平行な面を答えなさい。　　面DEF

□② 右の図の三角柱について，直線BEとねじれの位置にある辺をすべて答えなさい。　　辺AC，辺DF

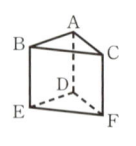

〔角柱の表面積，角錐の表面積・体積〕

□③ 下の図1の三角柱の表面積を求めなさい。　　72cm^2

□④ 下の図2の正四角錐の表面積と体積を求めなさい。　　表面積360cm^2　体積400cm^3

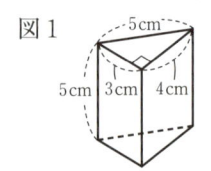

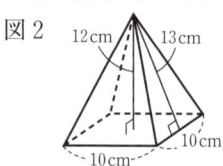

〔円錐の表面積・体積〕

□⑤ 右の図の円錐の表面積と体積を求めなさい。　　表面積24π cm^2　体積12π cm^3

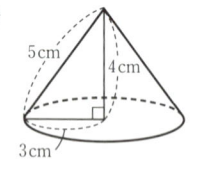

〔回転体の表面積・体積〕

□⑥ 右の図のような長方形を，辺ADを軸として1回転させてできる立体の表面積と体積を求めなさい。　　表面積130π cm^2　体積200π cm^3

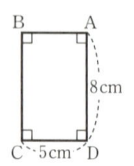

〔球の表面積・体積〕

□⑦ 半径3cmの球の表面積と体積を求めなさい。　　表面積36π cm^2　体積36π cm^3

16 平行線と角

実力チェック

〔平行線と角〕

□① 右の図で，$\ell \mathbin{/\mkern-6mu/} m$ のとき，$\angle x$，$\angle y$ の大きさを求めなさい。

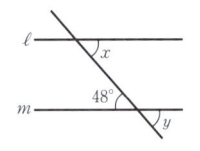

$\angle x = 48°$
$\angle y = 48°$

□② 右の図で，$\angle x$ が何度のとき，$\ell \mathbin{/\mkern-6mu/} m$ となるか答えなさい。

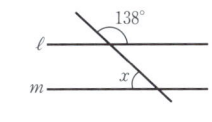

42°

□③ 右の図で，AB$\mathbin{/\mkern-6mu/}$CD のとき，$\angle$PQR の大きさを求めなさい。

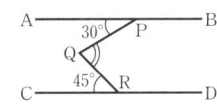

75°

〔三角形の内角と外角〕

□④ 右の図で，$\angle x$ の大きさを求めなさい。

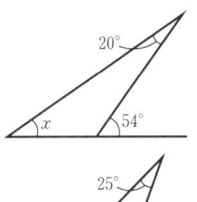

34°

□⑤ 右の図で，$\ell \mathbin{/\mkern-6mu/} m$ のとき，$\angle x$ の大きさを求めなさい。

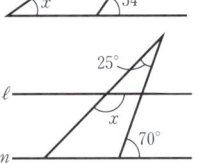

135°

〔多角形の内角のと外角〕

□⑥ 正六角形の1つの内角と1つ外角の大きさをそれぞれ求めなさい。

内角…120°
外角…60°

□⑦ 右の図で，$\angle x$ の大きさを求めなさい。

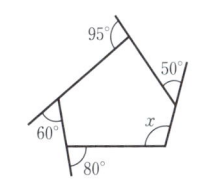

105°

173

17 合同な図形

実力チェック

〔三角形と合同〕

□① 次のア～ウのそれぞれの図形の中で，合同な三角形を記号≡を使って表しなさい。ただし，それぞれの図で同じ印をつけた辺や角は等しいとする。

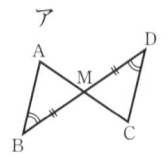

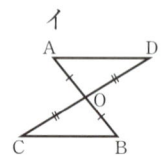

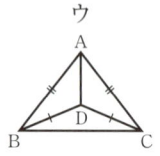

ア　　　　　イ　　　　　ウ

ア…△ABM
　　≡△CDM
イ…△AOD
　　≡△BOC
ウ…△ABD
　　≡△ACD

□② 右の図で，AB＝DC，AC＝DB のとき，△ABC≡△DCB となる。このことがらの根拠となっている三角形の合同条件を答えなさい。

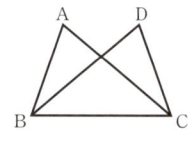

3組の辺がそれぞれ等しい

〔二等辺三角形〕

□③ 右の図で，同じ印をつけた辺は等しいとして，∠x の大きさを求めなさい。

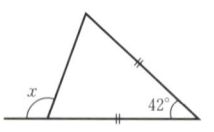

111°

〔直角三角形と合同〕

□④ 右の図の △ABC は，AB＝AC の二等辺三角形である。辺 AB，AC 上に，AB⊥CD，AC⊥BE となる点 D，E をとる。このとき，△ABE≡△ACD となる。このことがらの根拠となっている直角三角形の合同条件を答えなさい。

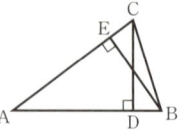

斜辺と1つの鋭角がそれぞれ等しい

18 平行四辺形

実力チェック

〔平行四辺形，等積変形〕

① 右の図の四角形 ABCD は平行四辺形である。このとき，辺 BC の長さと∠BCD の大きさをそれぞれ求めなさい。また，△ABC と面積が等しい三角形をすべて答えなさい。

BC＝4cm
∠BCD＝58°
△DBC，△ABD，
△ACD

② 右の図の四角形 ABCD は平行四辺形である。線分 BA を延長した直線と∠BCD の二等分線の交点を E とする。∠BEC＝56°のとき，∠x の大きさを求めなさい。

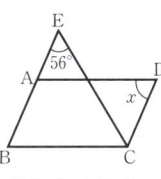

68°

〔平行四辺形になるための条件〕

③ 右の図で，平行四辺形 ABCD の1組の対辺 AB，DC の中点をそれぞれ M，N とするとき，四角形 AMCN は平行四辺形になる。このときに使った平行四辺形になるための条件を答えなさい。

1組の対辺が平行でその長さが等しい

④ 右の図のように，平行四辺形 ABCD の辺上に，EB＝GD，AH＝CF となる点 E，F，G，H をとるとき，四角形 EFGH は平行四辺形になる。このときに使った平行四辺形になるための条件を答えなさい。

2組の対辺がそれぞれ等しい

19 相似な図形

実力チェック

〔四角形と相似〕

□① 右の図で, 四角形 ABCD ∽四角形 PQRS のとき, この 2 つの四角形の相似比を求めなさい。また, ∠x の大きさと y の値をそれぞれ求めなさい。

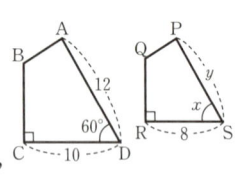

相似比 5:4
∠$x=60°$
$y=9.6$

〔三角形と相似〕

□② 右の図で, 同じ印をつけた角は等しいとすると, △ABC∽△DEF になる。このことがらの根拠となっている三角形の相似条件を答えなさい。

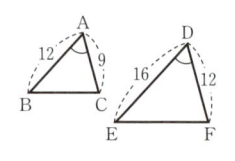

2 組の辺の比とその間の角がそれぞれ等しい

□③ 右の図のように, △ABC の辺 AC 上に ∠ABD=∠ACB となる点 D をとる。AB=6cm, AD=4cm のとき, △ABD ∽△ACB となることを利用して, 辺 AC の長さを求めなさい。

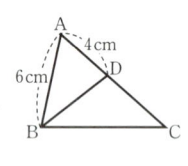

9 cm

□④ 右の図の四角形 ABCD で, 対角線 AC と BD の交点を E とする。∠BCA=∠DCA, BA=BE のとき, △ABC∽△EDC となる。このことがらの根拠となっている三角形の相似条件を答えなさい。また, BC=7cm, DC=3cm のとき, △ABC と △EDC の相似比を求めなさい。

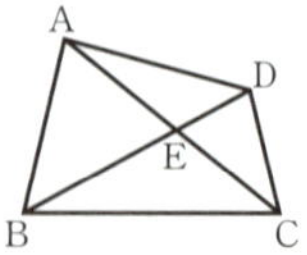

2 組の角がそれぞれ等しい
相似比 7:3

20 平行線と比

実力チェック

〔三角形と比，平行線と比〕

□① 下の図で，DE∥BCで，ℓ, m, nは平行であるとき，x, y, zの値をそれぞれ求めなさい。

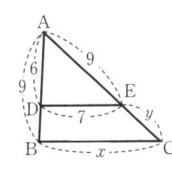

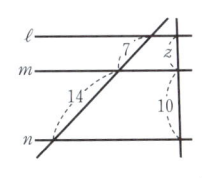

$x=10.5$
$y=4.5$
$z=5$

□② 下の図で，AB∥CDで，ℓ, m, nは平行であるとき，x, yの値をそれぞれ求めなさい。

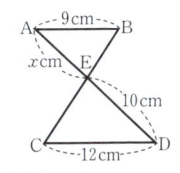

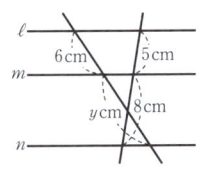

$x=7.5$
$y=9.6$

〔中点連結定理〕

□③ 右の図の△ABCで，2辺AB，ACの中点をそれぞれM，Nとする。このとき，辺BCの長さを求めなさい。

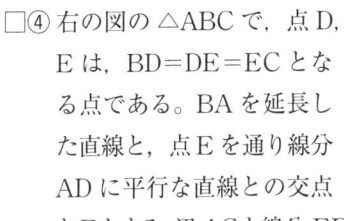

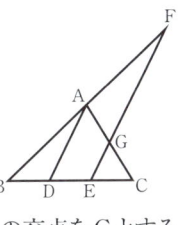

14cm

□④ 右の図の△ABCで，点D，Eは，BD＝DE＝ECとなる点である。BAを延長した直線と，点Eを通り線分ADに平行な直線との交点をFとする。辺ACと線分EFとの交点をGとする。GF＝6cmのとき，EGの長さを求めなさい。

2cm

21 相似な図形の面積比と体積比

実力チェック

〔相似比と面積比〕

□① 右の図のように，△ABC の辺 AB 上の点 D を通り，辺 BC に平行な直線と辺 AC との交点を E とする。AD：DB＝2：1 のとき，△ADE と △ABC の相似比と面積比をそれぞれ，求めなさい。

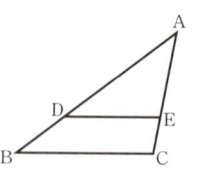

相似比 2：3
面積比 4：9

□② ①において，△ABC の面積が 18cm² のとき，△ADE の面積を求めなさい。

8 cm²

〔相似比と面積比，体積比〕

□③ 右の図で，直方体 A と B は相似である。このとき，A と B の相似比，表面積の比，体積比をそれぞれ求めなさい。

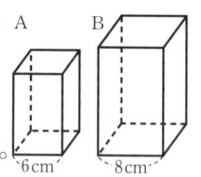

相似比 3：4
表面積の比 9：16
体積比 27：64

□④ 右の図の四角錐 ABCDE において，AQ：QP＝2：1 となるように，四角錐の高さ AP 上に点 Q をとる。点 Q を通り，四角錐の底面 BCDE に平行な平面で切り取った四角錐 AFGHI がある。このとき，四角錐 AFGHI と四角錐 ABCDE の相似比を求めなさい。

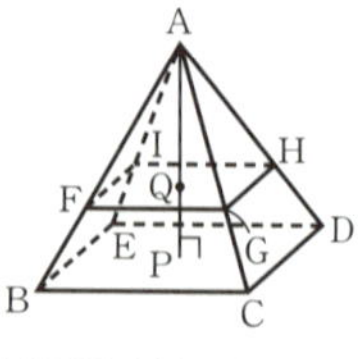

2：3

□⑤ ④において，四角錐 ABCDE の体積が 81cm³ のとき，四角錐 AFGHI の体積を求めなさい。

24cm³

22 円周角の定理

実力チェック

〔円周角の定理〕

①　右の図の円Oで，∠xの大きさを求めなさい。

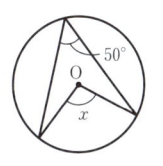

100°

②　下の図の円Oで，∠xの大きさをそれぞれ求めなさい。

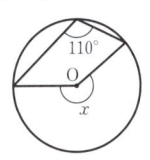

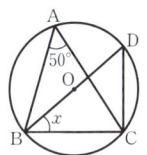

(順に)220°，40°

〔円周角の定理とその逆〕

③　下の図で，∠xの大きさをそれぞれ求めなさい。

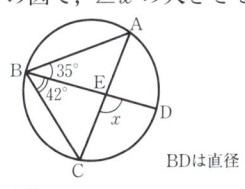

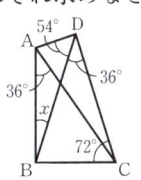

(順に)97°，18°

BDは直径

〔円と相似〕

④　右の図のように，円Oの周上に4点A，B，C，Dがあり，線分BDは円Oの直径である。線分ACとBDは垂直に交わっていて，その交点をPとする。このとき，△ABD∽△PCDになる。このことがらの根拠となっている三角形の相似条件を答えなさい。

2組の角がそれぞれ等しい

23 三平方の定理

実力チェック

〔三平方の定理〕

□① 右の図の直角三角形 ABC の斜辺 AC の長さを求めなさい。　　$\sqrt{73}$ cm

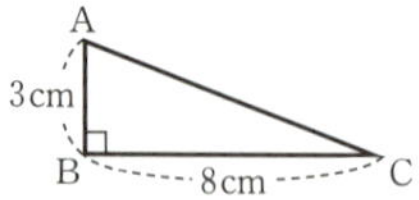

□② 次の図の直角三角形で，x の値を求めなさい。　　15

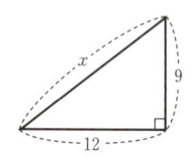

〔特別な直角三角形の3辺の比〕

□③ 右の図の □ にあてはまる数を答えなさい。

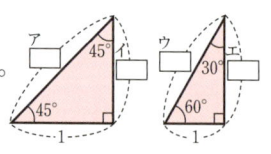

ア…$\sqrt{2}$
イ…1
ウ…2
エ…$\sqrt{3}$

□④ 右の図の直角三角形で，y の値を求めなさい。　　3

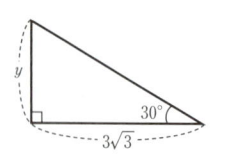

〔2点間の距離〕

□⑤ 右の図の2点 A$(-4, -1)$, B$(2, 4)$ 間の距離を求めなさい。　　$\sqrt{61}$

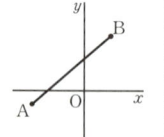

□⑥ 2点 P$(1, -2)$, Q$(7, 6)$ 間の距離を求めなさい。　　10

〔三平方の定理の逆〕

□⑦ 3辺の長さが a, b, c で，もっとも長い辺が c の三角形が直角三角形となるとき，a, b, c の間に成り立つ関係を式で表しなさい。　　$a^2+b^2=c^2$

24 三平方の定理と平面図形

実力チェック

〔平面図形への利用〕

① 縦が3cm，横が4cmの長方形の対角線の長さを求めなさい。　　**5cm**

② 1辺が10cmの正三角形の高さを求めなさい。　　**$5\sqrt{3}$ cm**

③ ②の正三角形の面積を求めなさい。　　**$25\sqrt{3}$ cm²**

④ 右の図はひし形で，対角線の長さは4cm，8cmである。このひし形の1辺の長さを求めなさい。　　**$2\sqrt{5}$ cm**

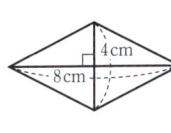

〔円への利用〕

⑤ 右の図のように，点Aから円Oへの接線をひき，その接点をPとする。AP=12cm，AO=13cmのとき，円Oの直径を求めなさい。　　**10cm**

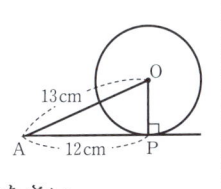

⑥ 右の図の円Oで，弦ABの長さを求めなさい。　　**$6\sqrt{3}$ cm**

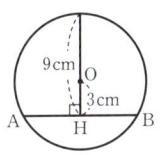

〔いろいろな問題〕

⑦ 右の図のように，正三角形ABCの辺上に点P，Q，R，Sがある。四角形PQRSが1辺3cmの正方形であるとき，BQの長さを求めなさい。　　**$\sqrt{3}$ cm**

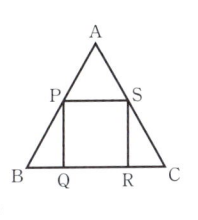

⑧ ⑦の正三角形ABCの1辺の長さを求めなさい。　　**$(3+2\sqrt{3})$ cm**

25 三平方の定理と空間図形

実力チェック

〔空間図形への利用〕

□① 右の図の直方体で，底面の対角線EGをひいたときにできる直角三角形CEGに三平方の定理を利用してxの値を求めなさい。

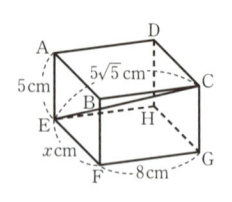

$x=6$

□② ①の直方体に，点Aから辺BCを通って点Gまでひもをかけるとき，ひもの長さがもっとも短くなるときの，ひもの長さを右の展開図を利用して求めなさい。

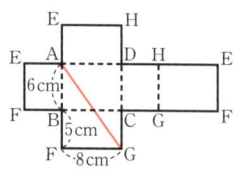

$\sqrt{185}$ cm

〔角錐や円錐の体積〕

□③ 右の図の正四角錐は，辺の長さがどれも6cmで，底面の正方形の対角線の交点をHとする。このとき，線分AHとOHの長さをそれぞれ求めなさい。

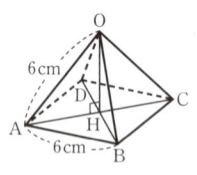

AH=$3\sqrt{2}$ cm
OH=$3\sqrt{2}$ cm

□④ ③の正四角錐の体積を求めなさい。

$36\sqrt{2}$ cm³

□⑤ 右の図は，円錐の展開図である。側面のおうぎ形の弧の長さと，底面の円の半径をそれぞれ求めなさい。

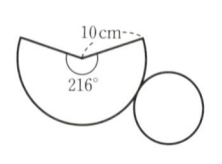

弧の長さ 12π cm
半径 6 cm

□⑥ ⑤の展開図を組み立ててできる円錐の高さと体積をそれぞれ求めなさい。

高さ 8 cm
体積 96π cm³

26 確率

実力チェック

〔場合の数〕

① 1枚の100円硬貨を2回投げたとき，表裏の出方は全部で何通りあるか求めなさい。 　4通り

② 大小2つのさいころを同時に1回投げたとき，目の出方は全部で何通りあるか求めなさい。　36通り

〔さいころと確率〕

③ 大小2つのさいころを同時に投げて，出る目の数の和が6となる確率を求めなさい。　$\dfrac{5}{36}$

④ 大小2つのさいころを同時に投げて，出る目の数の積が2けたの奇数となる確率を求めなさい。　$\dfrac{1}{12}$

〔組分けと確率〕

⑤ A, B, C, D, E の5人のなかから図書委員を2人選ぶとき，選び方は全部で何通りあるか求めなさい。　10通り

⑥ ⑤において，Cが選ばれる確率を求めなさい。　$\dfrac{2}{5}$

〔球と確率〕

⑦ 右の図のように，数字1, 2, 3, 4, 5 が1つずつ書かれた5個の球が袋の中に入っている。この中から同時に2個取り出し，それらの球に書かれている数を，それぞれ十の位の数，一の位の数として2けたの数を2つつくる。たとえば②と⑤の2個を取り出した場合，25と52の2つの数ができる。このようにしてできる2つの数について，大きい方の数から小さい方の数をひいた差が9となる確率を求めなさい。　$\dfrac{2}{5}$

27 資料の整理と代表値

実力チェック

〔度数分布表〕

□① 右の度数分布表は，ある日に採れた100個の卵の重さを計測して，整理したものである。度数がもっとも多い階級を答えなさい。

卵の重さ(g) 以上　未満	度数(個)
30～40	6
40～50	36
50～60	48
60～70	10
合計	100

50g以上60g未満

□② ①の度数分布表で，40g以上50g未満の相対度数を求めなさい。

0.36

〔代表値〕

□③ ①の度数分布表で，各階級の階級値を求め，(階級値)×(度数)を計算し，それらの値をすべて加えると5120になった。この数値を用いて，卵の重さの平均値を求めなさい。

51.2g

□④ 次の値は，10人の生徒の通学時間を並べたものである。中央値を求めなさい。

12, 30, 27, 8, 16, 21, 40, 11, 29, 33(分)

24分

□⑤ 右の表は，ある40人のクラスで5点満点のテストを行い，その結果を度数分布表で表したものである。最頻値，中央値をそれぞれ求めなさい。

得点	度数(人)
0	2
1	6
2	8
3	12
4	8
5	4
計	40

最頻値3点
中央値3点

〔近似値〕

□⑥ ある数 a の小数第1位を四捨五入したら，7になった。a の値の範囲を不等式で表すと，□ ≦ a < □ となる。□ の中をうめなさい。

(順に)6.5, 7.5

28 標本調査

実力チェック

〔全数調査と標本調査〕

① 健康診断のように、集団全部について調査することを何というか答えなさい。
　全数調査

② テレビの視聴率調査のように、集団の一部を調査して全体を推測することを何というか答えなさい。
　標本調査

③ 次のア〜エの調査は、それぞれの全数調査、標本調査のどちらが適しているか答えなさい。
　ア　国勢調査　　イ　世論調査
　ウ　出荷前の菓子の品質調査
　エ　ある中学校で行う進路希望の調査

　ア…全数調査
　イ…標本調査
　ウ…標本調査
　エ…全数調査

〔標本調査の考え方〕

④ 袋の中に同じ大きさのビー玉がたくさん入っている。ビー玉の個数を推測するために、袋の中から50個のビー玉を取り出して印をつけ、袋の中にもどした。この袋をよくかき混ぜ、袋の中からビー玉を40個取り出すと、印のついたビー玉が5個あった。袋の中にビー玉はおよそ何個入っていると考えられるか、次の①〜③の手順で求めなさい。

　① 袋の中のビー玉の総数を x 個として、その中にふくまれる印をつけた玉の割合を、分数で表しなさい。
　　① $\dfrac{50}{x}$

　② 2度目に取り出したビー玉の中に含まれる印のついたビー玉の割合を分数で表しなさい。
　　② $\dfrac{1}{8}\left(\dfrac{5}{40}\right)$

　③ ①、②より、x についての方程式をつくり、それを解いて答えを求めなさい。
　　③ およそ400個

数学　入試情報

●数と式（1〜6）
- 正負の数の加減や乗除などの計算問題は必ず出題される。特に符号のミスが多いので，解き終えたら**検算**するように心がけよう。
- 平方根では，四則の混じった計算や展開公式を利用する計算がよく出題される。**展開公式**は必ず覚えておくこと。

●方程式（7〜10）
- 連立方程式の解を求める計算問題では，式の形から加減法，代入法のどちらを用いればよいか判断しよう。また，文章題では方程式を立てるとき，**何をどの文字で表すか**をまず考えよう。
- 2次方程式の文章題では，方程式を解いたあとに**解の検討**を必要とするものもあるので，注意しよう。

●関数（11〜13）
- 比例と反比例の問題では，反比例の出題が多い。比例・反比例の**式の形とグラフの形**は，セットで覚えておくこと。
- 2乗に比例する関数の問題では，**変化の割合と変域**に関する出題が多い。**グラフや図形との融合問題**は，多くの生徒が苦手としている。過去問などを解いて，出題のパターンに慣れておこう。

●図形（14〜25）
- 近年，三角形の合同や相似についての証明問題の出題が目立っている。証明の道すじを教科書などで確認しておくこと。
- 空間図形に三平方の定理を利用する問題では，**どの図形に三平方の定理を利用**すればよいかをまず考えよう。

●資料の活用（26〜28）
- 資料の活用の問題では，用語の意味を問う出題も多い。それぞれの**用語の意味**を確認しておこう。
- 確率の問題では，**場合の数**を数えまちがえないこと。

国語

1. 漢字・熟語の知識 …………………… 188
2. 文法のポイント(1)
   用言, 副詞, 接続詞, 敬語 ………… 190
3. 文法のポイント(2)
   助詞の識別 …………………………… 192
4. 文法のポイント(3)
   助動詞の識別, 品詞の識別 ………… 194
5. 古典の基礎知識 ……………………… 196
6. 重要古語と文語の助動詞・助詞 …… 198
7. 文学史 ………………………………… 200
8. 覚えておきたい慣用句・ことわざ … 202
9. 覚えておきたい四字熟語・故事成語 … 204
10. よく出る漢字の書き取り …………… 206

入試情報 …………………………………… 208

「知識」問題の中心となる,「漢字の知識」「文法」「古典・文学史」「語句」「漢字の書き取り」について, 入試必須の学習事項を精選して解説しています。

●「漢字の知識」「文法」「古典・文学史」

学習項目の要点を分かりやすくまとめて解説しています。
重要な部分を色文字にし, 暗記用フィルターを使って, 穴埋め問題形式で要点の確認ができるようにしています。

●「語句」「漢字の書き取り」

「語句」では, 語句の全体または一部を色文字にし, 暗記用フィルターで確認ができるようにしています。
「漢字の書き取り」では, よく出る漢字を一問一答の形式でチェックできるようにしています。

1 漢字・熟語の知識

1 主な部首

①偏…字の左側　例 禾 のぎへん…秋・穂　忄 りっしんべん…慣・快
②旁…字の右側　例 刂 りっとう…刊・別　殳 るまた・ほこづくり…段
③冠…字の上　例 宀 うかんむり…宅・宙　亠 なべぶた…京・交
④脚…字の下　例 㣺 したごころ…慕・恭　灬 れっか・れんが…烈・照
⑤繞…字の左から下　例 辶 しんにょう…返・通　廴 えんにょう…延
⑥垂…字の上から左　例 厂 がんだれ…原・厚　尸 しかばね…届・局
⑦構…字の周り　例 囗 くにがまえ…国・因　行 ぎょうがまえ…術・街

2 画数・筆順

・漢字を組み立てる点や線を「点画」，その数を漢字の「画数」という。ひと続きで書くものを一画と数える。

　例 子…三画　女…三画　北…五画　長…八画　逆…九画

・筆順には，次のような原則がある(例外もある)。

①上から下へ書く。　例 エ…一 T エ
②左から右へ書く。　例 休…イ 仁 什 休

注意 縦画と横画が交わるときは，基本的には横画を先に書く。

　　例 土…一 十 土　　単…䒑 当 単

横画と左払いが交わるときは，短い画を先に書く。

　　例 有…ノ ナ 冇 有　　左…一 ナ 左

③中央から左右へ書く。　例 小…亅 小 小
④外側から内側へ書く。　例 風…丿 几 凨 風
⑤全体を貫く画は最後に書く。　例 車…一 亘 亘 車

3 送り仮名

・活用語尾にあたる部分からつけるのが原則。例 陥れる　誤る　潔い

注意 二つ以上の訓読みがある漢字では，意味とあわせて送り仮名を覚えるようにする。　例 断る・断つ　細い・細かい

4 行書
- 楷書を少しくずしたもの。点画に丸みがある。
- 点画の形の方向や筆順が変わることがある。　例詩-詩
- 点画が連続したり，省略されたりすることがある。　例級-級

注意　行書と楷書で，形が変わる部首がある。

例 花(くさかんむり)　祝(しめすへん)　池(さんずい)

5 熟語の構成
- 意味が対になる漢字を重ねる。　例首尾(首⇔尾)
- 似た意味の漢字を重ねる。　例言語(言≒語)
- 上の字が主語，下の字が述語になる。　例日没(日が没する)
- 上の字が下の字を修飾する。　例激痛(激しい痛み)
- 下の字が上の字の目的や対象を示す。　例着席(席に着く)
- 接頭語や接尾語がつく。　例無断・詩的

参考　三字熟語の構成には，次のようなものがある。
- 三字が対等の関係にある。　例大中小　雪月花
- 上の一字が下の二字を修飾する。　例低気圧(低い気圧)
- 上の二字が下の一字を修飾する。　例職員室(職員の室)
- 二字熟語に接頭語や接尾語がつく。　例不注意　非常識　機械化

6 熟字訓
- 熟語全体にあてられた訓。漢字一字ずつを読むことはできない。

熟字訓チェック！

□吹雪〔 ふぶき 〕	□芝生〔 しばふ 〕	□真面目〔 まじめ 〕
□名残〔 なごり 〕	□砂利〔 じゃり 〕	□行方〔 ゆくえ 〕
□小豆〔 あずき 〕	□竹刀〔 しない 〕	□意気地〔 いくじ 〕
□迷子〔 まいご 〕	□心地〔 ここち 〕	□雪崩〔 なだれ 〕
□田舎〔 いなか 〕	□為替〔 かわせ 〕	□凸凹〔 でこぼこ 〕
□風邪〔 かぜ 〕	□河原〔 かわら 〕	□梅雨〔 つゆ 〕
□笑顔〔 えがお 〕	□土産〔 みやげ 〕	□七夕〔 たなばた 〕
□相撲〔 すもう 〕	□木綿〔 もめん 〕	□果物〔 くだもの 〕

国語

2 文法のポイント(1) 用言，副詞，接続詞，敬語

1 動詞の活用の種類
- 五段活用…ア・イ・ウ・エ・オの五段で活用する。例「書く」「読む」
- 上一段活用…イ段を中心に活用する。　例「見る」「起きる」「似る」
- 下一段活用…エ段を中心に活用する。　例「寝る」「集める」「出る」
- カ行変格活用…カ行で特殊な活用をする。「来る」一語のみ。
- サ行変格活用…サ行で特殊な活用をする。　例「～する」(複合動詞)

  参考　「ない」をつけて活用させ，直前の音がどの段になるかで，五段・上一段・下一段活用のどれかを見分ける。
  →五段活用…ア段　上一段活用…イ段　下一段活用…エ段

2 形容詞・形容動詞のポイント
- 活用形に命令形はない。また，動詞の未然形と異なり，「ない」に続く形は連用形である。
- 「～な＋体言」の形にできないものは形容動詞ではない。

  例 まことに(副詞)残念だ。→ × まことなこと
  例 彼は学生だ。(名詞＋助動詞) → × 学生な人

  注意　「大きな」「小さな」「おかしな」「いろんな」は，活用せず，体言だけを修飾する連体詞である。

3 副詞の種類
- 状態の副詞…動作・作用の様子を表す。主として動詞に係る。

  例 こっそり・ぶらぶら・いきなり・すぐに・しばらく・やがて

- 程度の副詞…物事の状態や性質の程度を表す。形容詞・形容動詞に係ることが多い。

  例 ずいぶん・きわめて・なかなか・だいぶ・少し・よほど・かなり

- 陳述(呼応)の副詞…後にくる，ある決まった述べ方と呼応する。

  例 決して・たぶん・全然・とうてい・必ずしも・さぞ・まさか・ぜひ・ぜひとも・なにとぞ・どうして・なぜ・あたかも・ちょうど

4　接続詞の種類

- **順接**…前の事柄が原因となり、その順当な結果が後にくる。
  - 例 だから・それで・すると・それゆえ・したがって・よって
- **逆接**…前の事柄と逆になるような事柄が後にくる。
  - 例 しかし・けれども・ところが・でも・だが・が・しかるに
- **並立・累加**…前の事柄に後の事柄を並べたり付け加えたりする。
  - 例 そして・また・および・しかも・それから・さらに
- **対比・選択**…前の事柄と後の事柄を比べて、どちらかを選ぶ。
  - 例 あるいは・それとも・または・もしくは
- **説明・補足**…前の事柄について、説明したり補足したりする。
  - 例 つまり・すなわち・なぜなら・たとえば・ただし
- **転換**…前の事柄から話題を変える。
  - 例 ところで・さて・ときに・では・それでは

5　敬語－主な尊敬・謙譲の表し方

	尊敬語	謙譲語
与える	くださる	差し上げる
言う	おっしゃる	申し上げる
行く	いらっしゃる おいでになる	参る 伺う
来る		
いる		おる
する	なさる・あそばす	いたす

	尊敬語	謙譲語
食べる	召し上がる	いただく
見る	ご覧になる	拝見する
聞く	お聞きになる	伺う・承る
動詞全般	お(ご)〜になる お(ご)〜なさる 〜てくださる 〜れる(られる)	お(ご)〜する お(ご)〜いたす 〜ていただく

注意　「お(ご)」を用いた敬語表現には、尊敬語と謙譲語がある。

参考　よく出題される誤った敬語表現には、次のようなものがある。

- 尊敬語と謙譲語の取り違え　例 どうぞ、いただいてください。
- 身内に対する尊敬語の使用　例 お母さんがいらっしゃいました。
- 謙譲語＋尊敬の助動詞「れる」「られる」　例 申されるとおりです。
- 敬語を重ねて使うなどの過剰な表現　例 絵をご覧になられる。

3 文法のポイント⑵ 助詞の識別

●助詞の意味の識別

1 「の」
  - **主語**を表す。（**格助詞**）…「が」と言い換えられる。
    例 弟の描いた絵です。→ 弟が描いた絵です。
  - **連体修飾語**（**格助詞**）…「体言＋の＋体言」の形をとる。　例 梅の花
  - **体言**を代用する。（**格助詞**）…「こと」「もの」などと言い換えられる。
    例 海で泳ぐのは楽しい。→ 海で泳ぐことは楽しい。
  - 質問などを表す。（**終助詞**）…**文末**にある。　例 何をしているの。

2 「さえ」
  - **類推**…「すら」と言い換えられる。
    例 水さえ喉を通らない。→ 水すら喉を通らない。
  - **添加**…「までも」と言い換えられる。
    例 そのうえ雨さえ降りだす。→ そのうえ雨までも降りだす。
  - **限定**…「だけ」と言い換えられ、「〜さえ〜ば」の形をとる。
    例 お米さえあればよい。→ お米だけあればよい。

3 「ばかり」
  - **程度**…「くらい」と言い換えられる。
    例 一時間ばかりかかる。→ 一時間くらいかかる。
  - **限定**…「だけ」と言い換えられる。
    例 テレビばかり見ている。→ テレビだけ見ている。
  - **原因・理由**…「〜だけのため」と言い換えられる。
    例 内気なばかりに損した。→ 内気なだけのために損した。
  - **直後**…「〜(し)て間もない」と言い換えられる。
    例 完成したばかりの校舎。→ 完成して間もない校舎。

> 「の」「と」を中心に、いずれもよく出される識別だよ。
> それぞれの見分け方をしっかり身に付けておこう。

●助詞の種類の識別

4 格助詞と接続助詞―「と」「から」「が」
・格助詞…体言や助詞「の」につく。
　例 努力して勝者となる。　寒さから身を守る。　春が来た。
　注意　引用を表す格助詞「と」は、体言以外の語につく。
・接続助詞…活用する語につく。
　例 努力すると、勝者になれる。　寒いから、コートを着る。
　春は来たが、まだ寒い。
　参考　接続詞の「が」は文頭にあり、単独で文節を作れる。

5 「か」
・副助詞…文中にあり、後の文節に係る。直後に「と」を補えない。
　例 何か食べましょう。→ × 何か(と)食べましょう。
・終助詞…ふつう文末にある。文中にある場合、直後に「と」を補える。
　例 これは何か考える。→ ○ これは何か(と)考える。
　注意　終助詞「か」の意味には、疑問や勧誘、反語(例 どうして
　許せようか。)、感動(例 なんと楽しいことか。)がある。

6 「でも」
・格助詞「で」＋副助詞「も」…「も」がなくても意味が通る。
　例 あの店でも見た。→ ○ あの店で見た。
・副助詞…体言につき、「も」がないと意味が通らない。
　例 お茶でも飲もうか。→ × お茶で飲もうか。
　参考　副助詞「でも」の意味は、次のようにして識別する。
　　・類推…「さえ」と言い換えられる。
　　　例 子どもでも分かる。→ 子どもさえ分かる。
　　・例示…「など」と言い換えられる。
　　　例 野球でもしようか。→ 野球などしようか。
・接続助詞「ても」の濁音化…動詞の連用形の撥音便、イ音便につく。
　例 何度読んでも楽しい。　海で泳いでもいいよ。

国語

193

4 文法のポイント(3) 助動詞の識別，品詞の識別

●助動詞の意味の識別

1 「れる・られる」
- **受け身**…動作を行う人を「○○によって」という形で補える。
  例 転んで(友人によって)笑われる。
- **可能**…「~ことができる」と言い換えられる。
  例 どこでも寝られる。→ 寝ることができる。
- **自発**…前に「自然と」などを補える。　例 昔が(自然と)思い出される。
- **尊敬**…「お~になる・なさる」と言い換えられる。
  例 校長先生が帰られる。→ お帰りになる。

2 「そうだ・そうです」
- **様態**…動詞の連用形，形容詞・形容動詞の語幹につく。
  例 明日は，朝から雨が降りそうだ。
- **伝聞**…活用語の終止形につく。
  例 天気予報によると，明日は雨が降るそうだ。

3 「ようだ・ようです」
- **比況**…前に「まるで」を補える。　例 (まるで)氷のように冷たい。
- **例示**…前に「例えば」を補える。　例 (例えば) 東京のような都市。
- **推定**…「らしい」に言い換えられる。
  例 明日は晴れるようだ。→ 晴れるらしい。

●品詞の識別

4 「に」
- **格助詞**…体言などにつき，連用修飾語を作る。　例 学校に行く。
- **接続助詞「のに」の一部**…「のに」を「が」と言い換えられる。
  例 風はないのに，花が散った。→ ○ 風はないが，花が散った。
- **形容動詞の連用形活用語尾**…前に「とても」を補える。
  例 教室を(とても)きれいに掃除する。

5 「ない」
- 助動詞…「ぬ」に言い換えられる。
    例 行か<u>ない</u>。 → ○ 行か<u>ぬ</u>。
- 形容詞…「ぬ」に言い換えられない。
    例 暇が<u>ない</u>。 → × 暇が<u>ぬ</u>。
    ①単独の形容詞…「ある」の反対の意味。 例 時間が<u>ない</u>。
    ②補助形容詞…直前に「は」「も」などを補える。 例 高く(は)<u>ない</u>。
    ③形容詞の一部…直前の語と切り離せない。 例 そこは危<u>ない</u>。

> 「ない」は，単独の形容詞と補助形容詞の識別もよく問われるよ。

6 「だ」
- 形容動詞の活用語尾…「な」に言い換えて**連体修飾語**になる。
    例 彼は勇敢<u>だ</u>。 → ○ 勇敢<u>な</u>(人) (「勇敢だ」で一語の形容動詞)
- 断定の助動詞…「な」に言い換えられない。**体言**につく。
    例 こちらは私の兄<u>だ</u>。 → × 兄<u>な</u>(人)
- 過去の助動詞「た」の濁音化…動詞の連用形の**撥音便**，**イ音便**につく。
    例 本を読ん<u>だ</u>。 みんなが騒い<u>だ</u>。
- 助動詞「そうだ」「ようだ」の一部
    例 明日は晴れそう<u>だ</u>。 みんな楽しいよう<u>だ</u>。

7 「で」
- 格助詞…体言や助詞の「の」などにつき，**連用修飾語**を作る。
    例 風邪<u>で</u>学校を休む。 ＊「風邪」が体言。「風邪で→休む」の関係。
- 接続助詞「て」の濁音化…動詞の連用形の**撥音便**，**イ音便**につく。
    例 妹が遊ん<u>で</u>いる。 魚が泳い<u>で</u>いる。
- 接続助詞「ので」の一部…「ので」を「から」と言い換えられる。
    例 頭が痛いの<u>で</u>，早く寝た。 → ○ 頭が痛い<u>から</u>，早く寝た。
- 断定の助動詞「だ」の連用形…「で」を「だ」に換えて，文を言い切れる。
    例 兄は画家<u>で</u>，妹は詩人だ。 → ○ 兄は画家<u>だ</u>。妹は詩人だ。
- 形容動詞の連用形活用語尾…前に「とても」を補える。
    例 駅前は(<u>とても</u>)にぎやか<u>で</u>，人出が多かった。

5 古典の基礎知識

1 歴史的仮名遣い
・古文は歴史的仮名遣いで表記されているが，読み方にきまりがある。
①語中・語尾のハ行…現代仮名遣いのワ行で読む。
　例 かへる(帰る) → かえる　こほり(氷) → こおり
　　には(庭) → にわ　こひ(恋) → こい　おもふ(思ふ) → おもう
②「ゐ」「ゑ」「を」「ぢ」「づ」…「い」「え」「お」「じ」「ず」と読む。
　例 ゐなか(田舎) → いなか　ゑま(絵馬) → えま　かをり(香り) →
　　かおり　はぢ(恥) → はじ　あづき(小豆) → あずき
③母音が連続するもの
　例 やうす(様子) → ようす　ちうや(昼夜) → ちゅうや
　　てうど(調度) → ちょうど
　　注意 「語中・語尾のハ行」+「母音の連続」は，ローマ字に置き換
　　　　えて考える。　例 あふぎ(扇) ahugi ⇒ augi ⇒ ôgi ⇒ おうぎ

2 係り結び
・古文では，文中に係りの助詞「ぞ・なむ・や(やは)・か(かは)・こそ」
　がある場合に，文末が終止形以外で結ばれる。
①「ぞ・なむ」では文末が連体形になり，強意を表す。
②「や(やは)・か(かは)」では文末が連体形になり，疑問・反語を表す。
　　注意 疑問か反語かは文脈で判断する。
③「こそ」では文末が已然形になり，強意を表す。

3 文語の用言の活用
・活用形は，未然形・連用形・終止形・連体形・已然形・命令形，の
　六種類で仮定形はない。また，口語の活用とは異なる点がある。
①動詞…九種類の活用があり，「り」で終わる語もある。　例 有り
②形容詞…終止形は「し」で終わる。　例 美し・をかし
③形容動詞…終止形は「なり」「たり」で終わる。　例 あはれなり

196

4 覚えておきたい慣用表現・連語
- ～せば(ましかば)…まし　意 もし～としたら…だろうに
- ～にあらず　意 ～ではない
- ～にやあらむ　意 ～ではないだろうか
- いさ知らず　意 さあ，どうだか分からない
- え～ず　意 とても～できない
- つゆ～ず　意 少しも～ない・いささかも～ない
- な～そ　意 ～するな・～してくれるな
- よも～じ　意 まさか～ないだろう・決して～ないだろう
- せむかたなし　意 どうしてよいか分からない・やりきれない
- えもいはず　意 言いようもない・非常に

5 漢文の基礎知識
- 送り仮名…用言の活用語尾，助動詞，助詞などを漢字の右下に片仮名で示す。
- 返り点…漢文を日本語として読むための順序を示す記号。
  ① レ点…すぐ上の一字に返る。
  ② 一・二点…二字以上を隔てて上に返る。
  ③ 上・下点…一・二点をはさんで上に返る。

① 登レ山ニ　↓　山に登る。
② 思二故郷一ヲ　↓　故郷を思ふ。
③ 有下好二菊花一ヲ者上　↓　菊花を好む者有り。

参考　覚えておきたい漢文特有の表現
- 〔…れば〕則ち～　意 …すれば～する（原因・結果）
- 〔…こと〕無かれ　意 …するな・してはいけない（禁止）
- 赤た…ずや　意 なんと…ではないか（感嘆）

✓要チェック　陰暦の月の異名と季節

- 春…一月＝睦月(むつき)　二月＝如月(きさらぎ)　三月＝弥生(やよい)
- 夏…四月＝卯月(うづき)　五月＝皐月(さつき)　六月＝水無月(みなづき)
- 秋…七月＝文月(ふみづき)　八月＝葉月(はづき)　九月＝長月(ながつき)
- 冬…十月＝神無月(かんなづき)　十一月＝霜月(しもつき)　十二月＝師走(しわす)

現代の季節とのズレに注意

国語

⑥ 重要古語と文語の助動詞・助詞

1　現代とは意味の異なる語
- あはれなり　意 しみじみと心を打つ・情趣が深い・いとしい
- あやし　意 不思議だ・見苦しい
- ありがたし　意 めったにない・生きにくい
- いたづらなり　意 むなしい・むだだ
- うつくし　意 いとしい・かわいらしい
- おとなし　意 大人びている・年配だ
- おどろく　意 はっと気づく・目を覚ます
- かなし　意 心ひかれる・いとおしい
- さすがに　意 そうはいってもやはり
- すさまじ　意 興ざめだ・殺風景だ
- なかなか　意 かえって・むしろ
- なつかし　意 心ひかれる・親しみやすい
- ののしる　意 声高に騒ぐ・評判となる
- めでたし　意 すばらしい・りっぱだ
- やがて　意 そのまま・すぐさま
- をかし　意 風情がある・興味深い

2　古文に特有の語
- あらまほし　意 理想的だ・望ましい
- ありく　意 動きまわる・〜してまわる
- いと　意 非常に・たいそう
- いみじ　意 程度がはなはだしい・優れている・ひどい
- いらふ　意 答える・返事する
- おはす　意 いらっしゃる
- げに　意 本当に・なるほど
- つきづきし　意 似つかわしい・ふさわしい

> 語の意味だけにとらわれず，文章全体から意味をとらえる習慣を身に付けよう。

- つとめて 意 早朝・翌日の朝
- とく 意 早く・早速・急いで
- ひねもす 意 朝から晩まで・一日中
- ゆかし 意 見たい・聞きたい・知りたい
- わろし 意 見劣りがする 対 よろし

3 主な文語の助動詞の用法

助動詞	意味	助動詞	意味
ず	打ち消し(〜ナイ)	む(ん)べし	意志(〜ウ・〜ヨウ)
き	過去(〜タ)		推量(〜ダロウ)
けり	過去(〜タ)		当然(〜ハズダ)
	詠嘆(〜タナア)	じ・まじ	打ち消しの意志(〜マイ)
つ・ぬ	完了(〜タ)		打ち消しの推量(〜マイ)
たり・り	完了(〜タ)	まほし	希望(〜タイ)
	存続(〜テイル)	なり	断定(〜デアル)

注意 口語と異なり、「ぬ」「ん」に打ち消しの意味はない。
例 桜散りぬ。→ 散った(完了) 友を助けん。→ 助けよう(意志)

4 文語の助詞のポイント

○古文に特有の助詞

- で 意 打ち消しの接続(〜ナイデ) 例 言はで(言わナイデ)
- だに 意 類推(〜サエモ) 例 水をだに(水サエモ)
- ばや 意 自己の希望(〜タイ) 例 聞かばや(聞きタイ)

○接続助詞「ば」の用法・意味

- 未然形＋ば…順接の仮定条件 例 命あらば(命あるナラバ)
- 已然形＋ば…順接の確定条件 例 山の端なれば(山の端であるノデ)

✓要チェック 格助詞「の」の識別

- 「が」に置き換えられるもの ⇒ 主語 例 鳥の鳴く…
- 「体言＋の＋体言」の形のもの ⇒ 連体修飾語 例 梅の花
- 「〜で，〜」と言えるもの ⇒ 同格を表す 例 葉のいと小さきを…

7 文学史

●上代〜近世

1 三大和歌集—「万葉集」「古今和歌集」「新古今和歌集」

①**万葉集**…[成立]奈良時代末期　[撰者]**大伴家持**といわれている
- 「ますらをぶり」といわれる**素朴**・雄大で力強い歌風。
- 幅広い階層の歌を収めた**日本最古**の歌集。
- 代表的な歌人は，**額田王**・**柿本人麻呂**・**山上憶良**・大伴家持など。

②**古今和歌集**…[成立]平安時代前期　[撰者]**紀貫之**・紀友則ら
- 「たをやめぶり」といわれる繊細・**優美**で技巧的な歌風。
- 最初の勅撰和歌集。紀貫之による**仮名序**が付く。
- 代表的な歌人は，**在原業平**・**小野小町**・**僧正遍昭**・**紀貫之**など。

③**新古今和歌集**…[成立]鎌倉時代初期　[撰者]**藤原定家**ら
- 象徴的で余情や**幽玄**を重視した歌風。
- 代表的な歌人は，**藤原定家**・**西行法師**・藤原俊成など。

2 三大随筆—「枕草子」「方丈記」「徒然草」

①**枕草子**…[成立]平安時代中期　[作者]**清少納言**
- 宮廷生活の回想や季節の感想，**人生観**などを，簡潔な文章で表現。
- 全体は「**をかし**」の美意識で貫かれ，作者の個性的で鋭敏な感覚と豊かな才気がうかがえる。

②**方丈記**…[成立]鎌倉時代初期　[作者]**鴨長明**
- 戦乱や天変地異など，世の**無常**への嘆き。隠者(世捨て人)の文学。

③**徒然草**…[成立]鎌倉時代末期　[作者]**兼好法師(吉田兼好)**
- **無常観**に基づく，自然・人生・人間社会についての鋭い考察。

3 「おくのほそ道」

- **江戸時代**前期の成立。俳諧を完成させた**松尾芭蕉**による紀行文。
- 江戸から北関東・東北・北陸地方をめぐり，美濃(岐阜県)の大垣に至るまでの旅行の体験を，**俳句(俳諧)**と文章で表現している。

4 覚えておきたいその他の作品
- 古事記…奈良時代。最古の歴史書。
- 竹取物語…平安時代。最古の作り物語。
- 伊勢物語…平安時代。歌と文章からなる歌物語の代表作。
- 土佐日記…平安時代。紀貫之による仮名文字の日記。
- 源氏物語…平安時代。紫式部による日本古典を代表する物語。
- 更級日記…平安時代。菅原孝標女による人生回想録。
- 平家物語…鎌倉時代。無常観を基調に，平家一門の興隆から源氏との戦い，滅亡までを描く。琵琶法師によって語られた。
- 宇治拾遺物語…鎌倉時代。仏教的な話と庶民的な話を集めた説話集。
- 古今著聞集…鎌倉時代。橘成季編。世俗的な話を中心とした説話集。

● 近代

5 明治・大正時代の主な小説家・歌人・詩人と作品
- 森鷗外…「舞姫」，「雁」，「高瀬舟」など。
- 二葉亭四迷…「浮雲」(言文一致体で書かれた日本初の小説)など。
- 夏目漱石…「吾輩は猫である」，「草枕」，「それから」など。
- 島崎藤村…「破戒」(自然主義文学の代表作)，「夜明け前」など。
- 樋口一葉…「たけくらべ」など。
- 志賀直哉…「城の崎にて」，「暗夜行路」など。
- 芥川龍之介…「羅生門」(「今昔物語集」がもと)，「鼻」など。
- 正岡子規…「歌よみに与ふる書」，随筆「病牀六尺」など。

参考 短歌・俳句の革新運動を起こし，「写生文」を提唱した。

- 高村光太郎…「道程」，「智恵子抄」など。口語自由詩を完成。
- 石川啄木…「一握の砂」，「悲しき玩具」など。
- 宮沢賢治…「春と修羅」，童話「銀河鉄道の夜」など。

チェック！ ● ノーベル文学賞を受賞した作家と主な作品
川端康成…「雪国」・「伊豆の踊子」など。
大江健三郎…「飼育」・「新しい人よ眼ざめよ」など。

8 覚えておきたい慣用句・ことわざ

●慣用句

□①足を〔 伸ばす 〕 意予定より遠くまで行く。
□②〔 あげ足 〕をとる 意人の言葉じりをとらえて、非難する。
□③〔 頭 〕が下がる 意感心する。敬服する。
□④〔 肩の荷 〕が下りる 意責任や負担から解放される。
□⑤〔 口 〕が重い 意口数が少ない。 対〔 口が軽い 〕
□⑥口が〔 すべる 〕 意うっかり言ってしまう。
□⑦首を〔 長く 〕する 意待ち遠しく思う。
□⑧手に〔 余る 〕 意もてあます。 類手を焼く
□⑨手を〔 こまぬく（こまねく） 〕 意何もしないでただ傍観している。
□⑩〔 鼻 〕につく 意飽きる。いやになる。
□⑪耳が〔 痛い 〕 意弱点などをつかれて聞いているのがつらい。
□⑫目から〔 うろこ 〕が落ちる
　　意あることをきっかけに、急に物事の実態が分かるようになる。
□⑬息を〔 のむ 〕 意はっとして、思わず呼吸を止める。
　参考　かたずをのむ（息を止めてじっと見守る。）
□⑭〔 目に余る 〕 意見過ごせないほどひどい。
□⑮目を〔 光らす 〕 意厳しく監視する。
□⑯〔 油 〕を売る 意むだ話をするなど、時間をつぶして怠ける。
□⑰〔 一目 〕置く 意相手が優れていることを認め、敬意を払う。
□⑱〔 お茶 〕を濁す 意いいかげんにごまかして、その場を切り抜ける。
　参考　言葉を〔 濁す 〕（はっきりと言わない。）
□⑲〔 犬猿 〕の仲 意仲が悪いことのたとえ。
□⑳〔 しのぎ 〕を削る 意互いに激しく争う。
□㉑水を〔 さす 〕 意順調に進んでいることのじゃまをする。
□㉒〔 虫 〕がいい 意ずうずうしい。

●ことわざ

□㉓〔 塵も積もれば 〕山となる
　意 小さなことでも、積み重ねれば大きなものになる。
□㉔弘法にも〔 筆 〕の誤り
　意 どんな名人でもしくじることはあるということ。
　類〔 猿 〕も木から落ちる・〔 河童 〕の川流れ
□㉕転ばぬ先の〔 つえ 〕　類〔 備え 〕あれば〔 憂い 〕なし
　意 しくじらないように、前もって用意しておくことが大切だ。
□㉖〔 たで食う虫 〕も好き好き　意 人の好みはさまざまなこと。
　類 十人十色
□㉗泣き面に〔 蜂 〕　意 悪いことや不運が重なること。
□㉘〔 のれん 〕に腕押し　意 まったく手ごたえのないこと。
　類 ぬかに〔 くぎ 〕・〔 豆腐 〕にかすがい
□㉙〔 雨 〕降って〔 地 〕固まる
　意 もめごとの後には、かえって事態が安定する。
□㉚石の上にも〔 三年 〕　意 我慢して続けていれば、必ず成功する。
□㉛〔 馬 〕の耳に〔 念仏 〕　意 いくら意見しても効き目のないこと。
□㉜対岸の〔 火事 〕　意 自分とは直接の利害関係のないこと。
□㉝〔 善 〕は急げ　意 よいことはすぐにしたほうがよい。
　対 せいては事を〔 仕損ずる 〕・急がば〔 回れ 〕
□㉞〔 けが 〕の功名　意 失敗が思いがけなくよい結果をもたらす。
□㉟灯台〔 下 〕暗し　意 身近なことはかえって分からない。
□㊱〔 ぬれ手 〕で粟　意 苦労しないで大きな利益を得ること。
　注意 「ぬれ手で泡」ではない。
□㊲〔 喉元 〕過ぎれば〔 熱さ 〕を忘れる
　意 苦しい時を過ぎれば、苦しさも受けた恩も忘れてしまうこと。
□㊳待てば〔 海路の日和 〕あり　類〔 果報 〕は寝て待て
　意 あせらずに待っていれば、きっといいことがある。

国語

203

⑨ 覚えておきたい四字熟語・故事成語

●四字熟語

□① 〔一〕挙〔両〕得　意 一つのことで二つの利益を得ること。
　　類〔一石二鳥〕
□② 〔一〕進〔一〕退　意 進んだり後戻りしたりすること。
□③ 〔一〕朝〔一〕夕　意 ほんの短い時間。
□④ 首尾〔一貫〕　意 はじめから終わりまで筋が通っていること。
□⑤ 〔五〕里〔霧〕中　意 事情がつかめず、判断に迷うこと。
□⑥ 〔七〕転〔八〕倒　意 苦しくて転げ回ること。
□⑦ 〔千〕差〔万〕別　意 多くのものがさまざまに違っていること。
　　類〔十人十色〕
□⑧ 異〔口〕同〔音〕　意 多くの人が同じようなことを言うこと。
　　注意 「異句同音」と誤らないこと。
□⑨ 〔右〕往〔左〕往　意 混乱してあちこち歩き回ること。
□⑩ 〔空〕前〔絶〕後
　　意 今までになく、これから先もないであろう非常に珍しいこと。
□⑪ 大〔同〕小〔異〕　意 細かな違いはあるが、だいたい同じこと。
□⑫ 〔東〕奔〔西〕走　意 忙しくあちこち走り回ること。
□⑬ 〔試〕行〔錯〕誤
　　意 試すことと失敗することを繰り返して、目的に進んでいくこと。
□⑭ 自〔業〕自〔得〕
　　意 自分がした悪い行いの報いを自分の身に受けること。
□⑮ 〔単刀〕直入　意 前置きなしで、いきなり本題を切り出すこと。
　　注意 「短刀直入」と誤らないこと。
□⑯ 朝〔令〕暮〔改〕
　　意 命令や法令が次々と変わって、一定でないこと。
□⑰ 日〔進〕月〔歩〕　意 月日とともに、絶え間なく進歩すること。

●故事成語

□⑱〔 青 〕は〔 藍 〕より出でて藍より青し　類 出藍の誉れ

意 弟子が努力して師よりも優れること。

□⑲〔 画竜 〕点睛　意 物事の中心。最後の仕上げ。

参考 「画竜点睛を欠く」の形でよく用いられる。

□⑳〔 杞憂 〕　意 よけいな心配。取り越し苦労。

□㉑ 漁夫の〔 利 〕

意 二者が争っている間に、第三者が利益を全て横取りしてしまうこと。

□㉒〔 蛍雪 〕の功　意 苦労して学問をし、成功を収めること。

□㉓〔 五十歩百歩 〕　意 少しの違いはあるが、本質的には同じこと。

□㉔〔 四面 〕楚歌　意 敵(反対の立場の者)に囲まれて孤立すること。

□㉕〔 助長 〕　意 (1)手出しをして、かえってだめにしてしまうこと。

(2)物事の成長や発展を助けること。

□㉖〔 推敲 〕　意 詩や文章の字句を何度も練り直すこと。

□㉗〔 大器晩成 〕　意 大人物は、人より遅く大成すること。

□㉘〔 蛇足 〕　意 むだな行い。よけいなもの。なくてよいもの。

□㉙〔 虎 〕の威を借る〔 狐 〕

意 他人の威光を利用して、自分の利益を図ること。

□㉚〔 背水 〕の陣

意 一歩も後退できないという決死の覚悟で事にあたること。

□㉛〔 矛盾 〕　意 つじつまの合わないこと。

□㉜〔 あつもの 〕に懲りて〔 なます 〕を吹く

意 失敗に懲りて、必要以上に用心深くなること。

□㉝〔 逆鱗 〕に触れる　意 目上の人を激しく怒らせる。

□㉞〔 馬脚 〕をあらわす　意 隠していた正体や悪事があらわになる。

□㉟〔 覆水 〕盆に返らず　意 一度したことは、取り返しがつかないこと。

□㊱〔 温 〕故〔 知 〕新　意 古いものから新しい知識を見いだすこと。

□㊲ 呉越〔 同舟 〕　意 仲の悪い者どうしが、同じ場所にいること。

国語

10 よく出る漢字の書き取り

●同音異義語

- □①**イショク**の作品を発表する。　　　　異色
- □②苗を**イショク**する。　　　　　　　　移植
- □③委員を**イショク**する。　　　　　　　委嘱
- □④親身になって病人を**カイホウ**する。　介抱
- □⑤やっかいな作業から**カイホウ**された。解放
- □⑥教室の窓を**カイホウ**する。　　　　　開放
- □⑦病気が**カイホウ**に向かう。　　　　　快方
- □⑧絵画を**カンショウ**する。　　　　　　鑑賞
- □⑨桜の花を**カンショウ**する。　　　　　観賞
- □⑩旅先で**カンショウ**に浸る。　　　　　感傷
- □⑪他人に**カンショウ**されない。　　　　干渉
- □⑫みごとな演奏に**カンシン**した。　　　感心
- □⑬海外旅行に**カンシン**がある。　　　　関心
- □⑭人の**カンシン**を買おうとする。　　　歓心
- □⑮駅前の交通を**キセイ**する。　　　　　規制
- □⑯それは**キセイ**の事実だ。　　　　　　既成
- □⑰**キセイ**品の洋服を買った。　　　　　既製
- □⑱切手を**シュウシュウ**する。　　　　　収集
- □⑲事態を**シュウシュウ**する。　　　　　収拾
- □⑳**ソウイ**工夫をする。　　　　　　　　創意
- □㉑類似点と**ソウイ**点。　　　　　　　　相違
- □㉒参加者の**ソウイ**で決まる。　　　　　総意
- □㉓損害を**ホショウ**する。　　　　　　　補償
- □㉔人柄を**ホショウ**する。　　　　　　　保証
- □㉕生活を**ホショウ**する。　　　　　　　保障

> 前後のつながりから意味を正しくとらえて、漢字を使い分けよう。

●同訓異字

問題	答え
□㉖**アタタ**かい日が続く。	暖
□㉗**アタタ**かいご飯を食べる。	温
□㉘教科書の文章をノートに**ウツ**す。	写
□㉙鏡に姿を**ウツ**す。	映
□㉚住所を遠方に**ウツ**す。	移
□㉛国を**オサ**める。	治
□㉜姉が学問を**オサ**める。	修
□㉝無事に成功を**オサ**める。	収
□㉞父が税金を**オサ**める。	納
□㉟定時に目が**サ**める。	覚
□㊱スープが**サ**める。	冷
□㊲会議の議長を**ツト**める。	務
□㊳明るくふるまおうと**ツト**める。	努
□㊴会社に**ツト**める。	勤
□㊵会社の経営の合理化を**ハカ**る。	図
□㊶家から駅までの距離を**ハカ**る。	測
□㊷作業の所要時間を**ハカ**る。	計
□㊸会議に**ハカ**る。	諮

●形の似た漢字

問題	答え
□㊹野菜を**シュウカク**した。	収穫
□㊺最優秀賞を**カクトク**する。	獲得
□㊻**サイバン**を傍聴する。	裁判
□㊼野菜を**サイバイ**する。	栽培
□㊽**キケン**な行動を禁じる。	危険
□㊾機械の**ケンサ**をする。	検査
□㊿英語を巧みに**アヤツ**る。	操
□51空気が**カンソウ**している。	乾燥

国語　入試情報

●漢字の知識
- 行書体を含めた部首や，熟語の構成に関する問題がよく出されるが，総画数や筆順などにも注意する。送り仮名や熟字訓は，読み書き問題での出題が多い。

●文法
- 動詞の活用の識別や接続詞の補充，誤った敬語表現の書き換えなどの出題が多い。形容詞・形容動詞の活用や副詞の呼応にも注意する。
- 助詞の識別では，「と」「が」の種類や，「の」の意味の出題が多い。「さえ」「ばかり」の意味や「か」の種類，「でも」の品詞にも注意する。
- 助動詞の意味の識別では「れる・られる」の出題が多いが，「そうだ」「ようだ」にも注意する。品詞の識別では「ない」の出題が多いが，「だ」「で」にも注意する。

●古典・文学史
- 古典の基礎知識としては，歴史的仮名遣いや係り結びの出題が多いが，月の異名や漢文の返り点にも要注意。
- 重要古語や慣用表現，助動詞，助詞は，現代語訳のカギになることが多い。また，選択式が多いが，語の意味が問われる場合もある。
- 文学史では，三大和歌集や三大随筆，「おくのほそ道」の出題が多い。

●語句
- 空欄を補充して語句を完成させる問題がよく出される。また，意味や使い方，類義や対義の語を選択させたり，漢文問題で，その文章から派生した故事成語を問うたりする場合もある。

●漢字の書き取り
- 同音異義語や同訓異字，形の似た漢字の使い分けには注意する。なお，基本的に，書き取り問題は小学校の学習漢字から出題されることが多い。